ALGUÉM LÁ EM CIMA GOSTA DE VOCÊ

ARIELLE FORD

ALGUÉM LÁ EM CIMA GOSTA DE VOCÊ

Tradução:
Maria Alayde Carvalho

Editora
Rosely M. Boschini

Assistente editorial
Rosângela Barbosa

Produção e capa
Marcelo S. Almeida

Revisão
Catarina Ruggeri

Diagramação
Jorge Custódio

Título original: *More hot chocolate for the mystical soul*
Copyright© 1999 by Arielle Ford
Esta edição foi publicada por acordo com Plume, um membro da Penguin Group (USA) Inc.
Todos os direitos desta edição são reservados à Editora Gente.
Rua Pedro Soares de Almeida, 114
São Paulo, SP - CEP 05029-030
Tel: (11) 3670-2500
Site: http://www.editoragente.com.br
E-mail: gente@editoragente.com.br

Dados Internacionais de Catalogação na Publicação (CIP)
(Câmara Brasileira do Livro, SP, Brasil)

Ford, Arielle
Alguém lá em cima gosta de você / Arielle Ford / tradução Maria Alayde Carvalho.
— São Paulo : Editora Gente, 2006.

Título original: More hot chocolate for the mystical soul. 35 true stories of angels, miracles, and healings.
ISBN 85-7312-509-8

1. Sobrenatural — Estudos de caso I. Título.

06-4996   CDD-291.215

Índice para catálogo sistemático:

1. Experiências místicas : Estudos de caso : Religião comparada   291.215

Para Brian, minha alma gêmea

SUMÁRIO

Agradecimentos 9
Introdução 11
I – Intervenção divina
   1. Anjos e pianos 13
   2. Vínculos da alma 19
   3. O anjo da montanha 23
   4. Paramédicos: um chamado do outro lado 28
   5. O acaso não existe 31
   6. Uma viagem inesperada 35
II – Visitas
   1. Mãe transformada em anjo 41
   2. Uma dádiva de Deus 47
   3. Um anjo ganha suas asas 50
   4. Sinal da natureza 52
   5. Uma visão de Jesus 57
III – Outras dimensões e fenômenos místicos
   1. O iogue de gelo 61
   2. Um pequeno milagre 65
   3. O vôo 69
   4. Meu novo nome mágico 73
   5. Encontro com o Dalai Lama 77
   6. Gotas de luz 79

IV – A magia do amor

1. A descoberta da alma gêmea 83
2. Tinha que ser você 90
3. O primeiro encontro 94
4. Despertar para o amor 97

V – Cura milagrosa e resgate angélico

1. A cura de um câncer em quatro meses 105
2. O anjo de branco 110
3. O motorista angelical 113
4. Minha jornada de amor com Jesus 115
5. Protegido pelos anjos 121

VI – Sonhos, vidas passadas e experiências paranormais

1. Um arranjo no tempo 125
2. História número 1 133
3. Viagem da alma 137
4. Caroline 141

VII – Despertares espirituais

1. A caixa do dragão chinês 145
2. Entre as prateleiras 151
3. Uma surpresa angelical 155
4. O despertar 158
5. A descoberta da resposta 161

Colaboradores 165

AGRADECIMENTOS

Sou profundamente grata a minha intuitiva editora, Danielle Perez, e a Clare Ferraro, presidente da Dutton Books, pela inspiradora idéia do projeto deste livro.

Meus sinceros agradecimentos a todos os colaboradores que generosamente compartilharam suas místicas histórias pessoais. É preciso ter coragem para tornar públicas essas experiências incomuns e únicas. Sua boa vontade foi um presente para todos nós.

A realização deste livro não teria sido possível sem a ajuda das seguintes pessoas:

Ling Lucas, meu incrível agente literário, que me conduz através do labirinto do mundo editorial.

Stephanie Gunning, cujo brilhante talento editorial e genuíno entusiasmo pelo lado místico da vida transformaram em diversão a tarefa de organizar este livro.

Jack Canfield e Mary Victor Hansen, além de toda a equipe da instituição *Chicken Soup for the Soul,* por seu apoio e incentivo constantes.

Laura Clark e Katherine Kellmeyer pela impressionante habilidade publicitária demonstrada neste e em outros livros representados pelo Grupo Ford.

Heide Banks, Brent BecVar, Anthony Benson, Christen Brown, Julie Hill, Divina Infusino, Judy Martin, Charles Richards, Ben Woodson e Jeremiah Sullivan por sua amizade e pela contribuição na coleta das muitas histórias que compõem este livro.

Meus pais, Howard e Sheila Fuerst, minha irmã, Debbie Ford, e meu irmão, Michael Ford, por seu amor dedicado, seu apoio e seu entusiasmo por este e por todos os meus outros projetos insólitos.

Meus assessores, que dedicaram seu tempo à leitura e à escolha de cada história para que apenas as melhores fossem selecionadas: Laura Clark, Rita Curtis, Pearl Fisk, Anne Ford, Ashley Ford, Debbie Ford, Sheila Fuerst, Jason Hill, Peggy Hilliard, Barbara Horner, Katherine Kellmeyer, Peggy Olson, Alisha Schwartz, Shelly Schwartz, Randy Thomas, Doreen Virtue e Freda Woldorf.

A divina mãe, Ammachi, que me ensina o verdadeiro significado do amor incondicional.

Por fim, um agradecimento muito especial e carinhoso a meu marido, Brian Hilliard, que me demonstra diariamente seu amor incondicional e me ensinou que "o grande amor" existe de fato.

INTRODUÇÃO

Este livro é uma coletânea de histórias raras, inspiradoras e poderosas ocorridas com pessoas comuns que passaram por experiências extraordinárias e até mesmo místicas. São histórias de bênçãos e de prodígios, de anjos, são ocorrências miraculosas, experiências de quase-morte, intervenções divinas, casos de cura e de transformação pessoal, de encontros com homens e mulheres santos e de fantásticas coincidências. As pessoas que viveram essas experiências vieram de todas as áreas de atividade. São escritores, psicoterapeutas, consultores, fotógrafos, donas de casa, empresários, palestrantes, estilistas, funcionários públicos e até gente da alta sociedade!

As histórias contidas neste livro destinam-se àqueles que amam a magia e o mistério e não têm dúvidas de que uma presença invisível e amorosa cuida de nós. Gosto de pensar nesses relatos como contos de fadas para adultos (eternas crianças grandes!), quase todos com final feliz. Exatamente como os contos de fadas, muitas dessas histórias apresentam lições ocultas de sabedoria que tornarão sua vida mais rica e mais satisfatória. Você descobrirá que existem rima e razão no universo, e que os acontecimentos de nossa vida nada têm de aleatórios.

Alguém Lá em Cima Gosta de Você foi elaborado para alimentar tanto o seu lado emocional quanto o seu lado espiritual — e, se você beber realmente uma xícara de chocolate quente durante a leitura, vai experimentar também uma sensação doce na boca! Com suas 35 histórias, este livro tem tudo para proporcionar-lhe muitas noites de leitura aconchegante. (Você pode lê-lo de uma só vez, mas sugiro que saboreie apenas algumas páginas por noite.)

Há muitas maneiras de ler este livro, mas tenho a minha preferida: faça uma boa xícara de chocolate quente, acomode-se numa poltrona confortável e leia algumas histórias. Depois, telefone para seu melhor amigo (ou amiga) e comente as páginas que leu.

A escritora Joan Borysenko disse certa vez: "Os Estados Unidos são uma nação de místicos secretos". Creio que ela tem razão, e este livro é a prova de que muitas pessoas vivem experiências místicas com uma regularidade crescente. É chegada a hora de compartilhá-las neste início do novo milênio e na busca de nossa evolução espiritual.

Talvez alguns desses relatos lhe provoquem lembranças de experiências pelas quais passou. Se você tem uma história mística que gostaria de compartilhar, não vacile em contá-la às pessoas que lhe são próximas.

Durante os últimos dois anos, enquanto compilava as narrativas apresentadas neste livro, tive o privilégio de tomar contato com práticas e organizações espirituais de que nunca ouvira falar. Esse trabalho de pesquisa abriu meus olhos para novos caminhos e me proporcionou uma ligação renovada com o divino. Alimento a mais elevada esperança de que este livro sirva como catalisador do crescimento espiritual de meus leitores.

Arielle Ford
La Jolla, Califórnia

INTERVENÇÃO DIVINA

1. ANJOS E PIANOS

Nancy E. Myer

Estou na cidade de Wilmington, em Delaware, trabalhando em um caso de assassinato. Já atuei antes com esses detetives e os conheço bem. Quando não consigo uma babá para ficar com Heidi, minha filha de 4 anos, eles me pedem para trazê-la comigo e tomam conta dela enquanto eu trabalho. Os detetives mimaram Heidi durante toda a manhã. A menina sabe como encantá-los.

Terminamos nossa tarefa às onze da manhã. Heidi e eu percorremos a rua em busca de um lugar que vendesse cachorro-quente, seu prato predileto, a fim de que eu a alimentasse antes de ela ficar irritada. A menina tagarela, enquanto saltita a meu lado: "Olhe, *Yeroy* me deu este doce". Olho para baixo e vejo o precioso pedaço de doce preso em sua mãozinha. O detetive Leroy Landon é um dos preferidos de Heidi — não apenas pelo fato de sempre trazer doces nos bolsos.

"*Yeroy* é meu bom amigo. E gosta muito de mim, ele me disse." Heidi continua tagarelando, feliz, enquanto procuro um local que sirva cachorros-quentes.

Uma voz profunda, dentro de minha cabeça, ordena: "Pegue essa criança e corra para o outro lado da rua!" Sem hesitação, carrego Heidi nos braços e literalmente vôo para a outra calçada. Essa voz amorosa me protegeu durante toda a minha vida. Ela nunca mente para mim e muitas vezes me salvou de acidentes. Quando se ergue, poderosa, significa que a situação é perigosa e urgente.

Enquanto corro com Heidi nos braços, e ela protesta, sinto que um par de mãos me impulsiona no meio do tráfego até alcançar, em segurança, o lado oposto. Atônita, olho para trás, para o lugar onde caminhávamos, a tempo de ver um enorme piano que está sendo retirado de um prédio. O cabo de sustentação principal se rompe e o piano despenca — no ponto exato onde minha filha e eu passaríamos.

O piano atinge a calçada com um estrondo horrível. As teclas e outros componentes se desprendem e voam em todas as direções, enquanto o maravilhoso instrumento se desmantela com um último som abafado e triste.

Se não fosse a ajuda dessa voz profunda, Heidi e eu teríamos morrido sob o peso daquele piano. Dirijo uma prece silenciosa ao anjo que cuida de mim e dos meus: "Obrigada, querido anjo, por nos salvar".

Heidi permanece perto de mim, imóvel, observando a confusão promovida no outro lado da rua enquanto se recobra do choque. "Ei, vocês são maus!", grita para os funcionários da empresa de mudanças. "Vocês não podem ficar derrubando essas coisas enormes na cabeça das pessoas que passam na rua, sabiam?" Com as mãos na cintura, ela bate um dos pés demonstrando grande irritação: "Se o anjo da mamãe não nos tivesse tirado dali, a gente teria morrido esmagada. Vocês são maus!"

Fazendo balançar os cachos loiros num aceno de desaprovação, Heidi aponta o dedinho para eles como faz com freqüência quando seus irmãos se comportam mal. Uma pequena multidão se formou para observar a cena. As pessoas riem, aprovando a descompostura que minha filha aplica nos "homens maus".

O capataz atravessa a rua para falar conosco: "Sinto muito, senhorita". Ele se inclina diante da indignada menina. "Eu não tinha como saber que o cabo se romperia."

Nem um pouco impressionada pela atitude humilde do homenzarrão, Heidi cruza os braços e censura a confusão que ele provocara: "É melhor não fazer isso de novo, pois as outras pessoas não têm o anjo da mamãe para tomar conta delas e poderiam estar muito machucadas agora".

O homem olha solenemente para essa criancinha irada e se desculpa uma vez mais: "Sinto muito mesmo, mocinha. Eu não seria capaz de ferir ninguém neste mundo!" Notando em seguida meu olhar zangado, ele empalidece.

"Onde estão seus cones e seus cartazes de aviso, meu senhor?", pergunto, enquanto uma grande fúria de mãe zelosa cresce dentro de mim. "A calçada deveria ter sido bloqueada."

"A senhora tem razão, isso não vai acontecer de novo. É verdade o que sua filha disse sobre o anjo?", ele me pergunta nervosamente.

"Se não fosse verdade, o senhor estaria agora tentando nos resgatar dos escombros, porque nós teríamos passado exatamente no ponto em que o piano caiu se o anjo não nos tivesse avisado."

Ele fez rapidamente o sinal da cruz: "Acho que ambos devemos muito a esse anjo!"

"O senhor não faz idéia de quanto devo a ele", respondo enquanto olho a mais jovem dos meus três amados filhos. "Meu anjo já me salvou muitas vezes."

Heidi continua encarando fixamente o homem. Ela não pretende desculpá-lo com tanta facilidade: "Você sabe cantar *It's a Small World*?"

Ah, não, isso outra vez não!

"Se você cantar essa canção para mim, eu perdôo seu mau comportamento."

Alguns dos trabalhadores da equipe de mudanças tinham se juntado a nós. "Vamos lá, Dave, cante para a mocinha", gritam em coro, rindo do embaraço dele.

O capataz respira fundo e começa a cantar suavemente para Heidi. Depois de duas estrofes, ele pára: "Não me lembro do resto da letra. Você me ajuda?"

A menina concorda com alegria e as pessoas ao redor a imitam. E assim ficamos nós, cantando na calçada, depois de ver a morte de perto.

Ao lado de Heidi, cantando com uma voz que apenas ela e eu podemos ouvir, está o anjo iluminado que salvou nossas vidas. Ele aprecia a "performance" de minha pequena pomba loira e depois se curva e murmura alguma coisa em seu ouvido. Após uma breve hesitação, Heidi explica: "O anjo da mamãe diz que eu já posso perdoar você. Ele diz também que você não teve intenção de ser mau".

Os colegas do capataz interrompem a caçoada que faziam. Ele empalidece. "Ainda está aqui?" O anjo, eu quero dizer", pergunta olhando interrogativamente para mim.

"É claro que ele ainda está aqui. Como poderia nos proteger se ficasse longe de nós?", responde Heidi, contrariada, antes que eu tenha tempo de dizer uma palavra. "Mamãe, eles não podem ver o anjo?", pergunta, confusa.

"Não, Heidi, não podem. Mas nós podemos, e isso é o que importa." Sei agora com certeza que minha filha também é capaz de ver anjos. É muito bom saber que alguém compartilha comigo a beleza e o amor dessas entidades.

Inclinando-se educadamente na direção do homem, ela lhe dá um súbito e grande beijo na bochecha. "Pronto!", sentencia. "Eu perdôo você, mas acho que deveria procurar um anjo para proteger seu trabalho e evitar que você derrube coisas que podem machucar as pessoas, está bem?"

Ele pisca para mim e diz: "Essa é uma ótima idéia. Você pode rezar por mim, Heidi?"

"O que ele quer dizer, mamãe?"

"Ele quer que você peça ao anjo para ajudá-lo também."

Heidi olha tristemente para o capataz e conclui: "Não sabe que você é que tem de pedir isso a Deus?"

Todos riem diante dessa menina muito séria que beija tamanho homenzarrão na face e lhe explica as regras divinas.

"Isso não é brincadeira", ela diz, contrariada. O riso cessa de imediato. "Se não arranjarem um anjo, vocês podem se machucar." Apertando minha mão, ela decide pôr fim a toda aquela conversa: "Mamãe, onde é que vamos comer cachorro-quente? Estou com fome".

E lá vamos nós, descendo a rua com nosso anjo luminoso que nos mostra, um pouco adiante, uma lanchonete onde se vendem ótimos cachorros-quentes.

2. VÍNCULOS DA ALMA

Micki East

"Seu relógio biológico está trabalhando contra você, Micki", afirmou o médico. "Há múltiplos pequenos fibromas em seu útero. Se quiser de fato ter filhos, você deve se apressar." Sim, eu queria filhos, mas onde encontrar o companheiro ideal para gerá-los?

Vários meses se passaram, e eu decidi finalmente que não podia esperar mais. Telefonei para um amigo médico e lhe contei que desejava adotar uma criança. Antes mesmo que eu terminasse a frase, ele anunciou: "Mas isso é incrível! Acabou de sair do consultório uma paciente grávida que pretende entregar o filho para adoção". Minha cabeça começou a girar. Eu pensava em uma criança mais velha, mas o universo parecia conspirar para me entregar um bebê.

Naquela noite, Cindy, a avó do futuro bebê, me telefonou. Ficara encantada ao saber que eu estava interessada na adoção da criança e combinou comigo um encontro com sua filha, Laura. A jovem tinha 18 anos e seu sonho era ir para uma universidade. Tomara essa decisão sozinha e recebia todo o apoio da mãe. Nosso encontro correu muito bem, e Laura me escolheu para ser a mãe adotiva de seu filho. Eu fiquei radiante!

Durante o mês seguinte, Laura e eu nos ocupamos da escolha do nome da criança. O nome que sempre me ocorria era "Gray". Certa noite, sonhei que comprava um berço de madeira rústica de cor cinza *(gray, em inglês, significa cinza)*. Ao sair da loja, percebi não ser exatamente aquilo que desejava e tentei trocar o berço, mas a vendedora afirmou que aquele artigo não podia ser trocado. Acrescentou que a única opção seria devolver o berço ao casal que o fabricara. A oficina deles era cinzenta, cheia de objetos de madeira rústica. Expliquei-lhes meu problema e eles alegaram ter feito o berço com tanto amor que não podiam aceitá-lo de volta. Insisti, mas não cederam.

Acordei com um sobressalto. *O sonho indicava que eu não devia adotar essa criança, ou queria dizer apenas que "Gray" não era o nome adequado?* No dia seguinte, meu chefe me avisou de que eu seria demitida. Comecei a ter sérias dúvidas sobre a adoção. *Como poderei manter uma criança, se nem sequer tenho emprego?* Decidi praticar meditação e refletir sobre minhas opções. Fechei os olhos e imediatamente captei a imagem de um bebê adorável aconchegado em meu colo. Era um menino. Olhou para mim e disse: "Meu nome é Matthew, e você não será minha mãe!" Senti um aperto no coração.

Ainda desejosa de acreditar que a adoção seria a decisão correta, procurei uma consultora que eu conhecia e perguntei: "O que sinto é apenas nervosismo natural diante da perspectiva de mudança, ou esse bebê não é para mim?" Ela respondeu: "Micki, o universo inteiro grita para que você não adote essa criança". Fui de repente envolvida por uma sensação de alívio mesclada de tristeza. Ainda relutante, telefonei para Laura e expus a ela os motivos pelos quais precisava desistir da adoção. A moça confessou que, embora gostasse de mim de todo o coração, preferia na verdade que seu bebê fosse adotado por um casal que já tivesse filhos.

Dois meses depois, encontrei Laura casualmente em um restaurante. Ela contou-me que encontrara o lar perfeito para seu bebê, pois o casal em questão já tinha outro filho, também adotado. As coisas transcorriam exatamente como Laura esperava. Ao afastar-me do restaurante, senti uma intensa onda de amor vinda dessa criança que ainda não nascera, e uma forte sensação de paz me envolveu.

Conversei com Cindy na ocasião em que o bebê nasceu e ela contou-me que Laura dera à luz um menino saudável — e os pais adotivos deram-lhe o nome de Matthew! Acrescentou, orgulhosa, que o neto se parecia muito com ela. Matthew encontrara enfim seus pais.

Muitas vezes, ao longo dos quatro anos seguintes, eu me surpreendi lamentando a ausência de um filho verdadeiramente meu. Intuindo que em algum lugar haveria uma criança ansiosa por encontrar a mãe ideal, decidi telefonar para minha amiga Jody, que trabalha em uma agência de adoção de menores estrangeiros. Ela me disse que acabara de receber informações sobre um menino muito meigo de 5 anos internado em um orfanato russo. Acrescentou que, a cada nova semana, ele perguntava: "Quando minha família americana virá me buscar?" Sonhei naquela noite que estava grávida e dava à luz um menino saudável.

Quando recebi de Jody novas informações e algumas fotos, meu coração disparou. Olhando para mim, no fundo da fotografia, estava a imagem de um menino que eu vira durante uma prática de meditação dezenove anos antes. Há muito não pensava mais nisso, mas estava convencida de que era a mesma criança. Depois de muita procura, encontrei meu velho diário de meditação. Eu escrevera ali em 1979: "Acabo de ver a imagem de meu futuro filho. Ele tem cabelos escuros e lisos, seus olhos são brilhantes e castanhos e se apertam nos cantos quando ele sorri. Seu rosto é fino, ele parece muito meigo e me lembra meu sobrinho Mark. Tenho a impressão de que seu nome é Alex".

Fechei o diário e olhei novamente a fotografia: não havia dúvida, a descrição era perfeita. Notei então o nome do garoto escrito no alto da foto: Aleksei. *Esse nome corresponde a Alex em russo! É o menino que vi durante a meditação!* A intensidade desse pensamento me forçou a procurar uma cadeira e me sentar. Providenciei com urgência toda a papelada necessária e a enviei para Jody.

No dia 25 de fevereiro de 1998, encontrei Aleksei pela primeira vez. No momento em que nossos olhares se cruzaram, senti no fundo do coração que esse precioso garotinho era o meu filho tão longamente esperado. Os funcionários do orfanato ficaram estarrecidos com a rapidez com que o menino me aceitou e também com a semelhança física entre nós: Aleksei parecia meu filho biológico. "Vocês têm até o mesmo formato de rosto", disse um deles. "A maioria das crianças russas tem o rosto redondo."

Quando chegou a hora de deixar o orfanato e partir comigo, Aleksei deu um abraço de despedida nas pessoas que haviam cuidado dele até aquele dia, segurou minha mão sem hesitar e disse: *"Pashlee, mama".* Isso significa: "Vamos embora, mamãe".

3. O ANJO DA MONTANHA

Azita Milanian

Aquele não era um sábado igual aos outros. Todas as coisas que poderiam impedir-me de subir a trilha da montanha para correr aconteceram. Mas hoje tenho certeza de que a voz de Deus e meu anjo me atraíram para lá.

Desde 1980 eu cultivava o hábito de correr quase diariamente. Às 7 horas daquela noite de sábado, chamei meus três cães da raça Labrador — Tango, Tai e Bu Bu — e dirigi durante alguns quilômetros para exercitar-me na trilha da montanha. Ainda havia sol, mas aquele início de noite já se anunciava um pouco frio.

Antes de sair de casa, eu vestira minha camiseta da *Save the Children* [Salve as Crianças]. Essa era minha instituição de caridade preferida havia dois anos, e por seu intermédio eu sustentava uma criança carente da África. Em julho daquele ano patrocinaria um evento cuja finalidade seria levantar fundos para essa entidade. Eu gostava de usar a camiseta em lugares onde muita gente pudesse vê-la, mas nunca a vestira antes para correr. Embora ainda não soubesse, essa foi uma escolha profética.

Durante cinco anos, sempre começava minha corrida pela mesma trilha. Um mês antes, porém, havia decidido mudar de rota para evitar o acesso principal à montanha, quase sempre muito concorrido.

Comecei a correr com meus cães. Eu sentia frustração e desânimo ao pensar nos esforços inúteis que fazia para levantar mais fundos. A indiferença e o silêncio das pessoas que eu abordava na tentativa de conseguir ajuda para as crianças carentes me esgotavam. Enquanto corria, falava mentalmente com Deus e pedia orientação para minha vida profissional e pessoal. Gostaria de ter um filho, mas aquela não me parecia uma boa ocasião para isso. Talvez mais tarde eu pudesse adotar um.

Senti uma tristeza profunda, mas não sabia o motivo disso. A elevação do nível de endorfina causada pelo exercício não surtiu efeito naquele dia. Após trinta minutos de corrida, comecei a ficar enjoada, e pouco antes das 8 horas já me dirigia para o carro. Uma ansiedade intensa, cuja razão não era capaz de explicar, tomou conta de mim. Hoje sei que ela se originava do fato de que, naquele exato momento, um bebê recém-nascido havia sido enterrado ali perto.

Ao sair da trilha, ouvi um som parecido com um miado. Olhei para os cães e verifiquei se o som vinha deles. Vi os três rodeando um pequeno monte de terra coberto por alguns arbustos. Pensando que tivessem encontrado um animal morto, chamei-os de volta. Eles, porém, farejavam o solo e pareciam muito aflitos. Em condições normais, ficavam animados e barulhentos ao farejar um bicho qualquer, mas dessa vez seu comportamento era muito diferente.

Caminhei até lá com a intenção de pegá-los pela coleira e investigar o que ocorria. Quando olhei o montículo, no entanto, vi que alguma coisa saltou para fora da terra. Pulei para trás e gritei: "Meu Deus!" Fiquei apavorada e puxei os cães temendo que se tratasse de algum animal ferido que pudesse atacá-los. Meu susto foi tão grande que cheguei a pensar em uma presença extraterrestre. Levei os cães para o carro e voltei ao monte de terra para verificar o que havia lá. Pude ver então uma pequenina perna, mas ainda pensava em algum bicho ferido. Ouvi em seguida um vagido tão fraco quanto desesperado, como o de alguém que perde o último resquício de ar.

Uma voz interior, como se fosse a voz de Deus, disse-me para socorrer a criatura. Sem hesitação, afastei os arbustos e comecei a cavar com as mãos. Pude ouvir alguns sons lamentosos e depois vi despontar da terra uma toalha azul. Abri freneticamente a toalha e gritei ao perceber que dentro dela estava um minúsculo bebê! Era como um anjo da montanha.

Nesse exato instante, a criança começou a chorar. Limpei a terra de seu nariz e de sua boca para que pudesse respirar. Sabia que acabara de nascer, o cordão umbilical ainda pendia de seu ventre. Acomodei o bebê em uma posição mais confortável, corri até o carro para pegar o telefone celular e voei de volta para protegê-lo da aproximação dos coiotes. Já estava escuro como o breu, e nós precisávamos de ajuda.

Enquanto chamava a equipe de resgate, limpei e confortei a criança, dizendo-lhe que tudo daria certo e que eu cuidaria dela. A ligação para o resgate caiu de repente, tentei refazê-la, mas foi em vão. Corri para a estrada e liguei para a polícia dessa vez, mas a ligação também caiu!

Por sorte ouvi um carro que se aproximava e fiz o motorista parar. Pedi-lhe para chamar uma ambulância e a polícia, o que ele fez prontamente. Embrulhei o bebê em uma manta que havia em meu carro. Trinta minutos mais tarde, a polícia ainda não havia chegado. Eu estava congelando, e sabia que a criança também sentia muito frio. Isso me deixou extremamente nervosa.

Comecei a massagear o bebê na tentativa de mantê-lo quente. Disse-lhe que o amava, embora não o conhecesse, e que ele ficaria bem. O garotinho não conseguia nem mesmo abrir os olhos. Estava fraco, mas isso não o impediu de estabelecer um vínculo comigo. Agarrou meu punho como se nunca mais fosse soltá-lo, e pareceu acalmar-se ao contato de minha pulsação. Senti uma ligação muito forte com ele naquele momento, e orei de todo o coração pedindo a Deus que não o deixasse morrer.

A polícia chegou, finalmente, com seus faróis e suas sirenes. Os homens se surpreenderam ao constatar que o bebê estava vivo, pois haviam recebido o aviso de que uma criança fora encontrada debaixo da terra. Chamaram então uma ambulância, que chegou poucos minutos depois. O bebê estava em condições críticas, com hipotermia. Os médicos lhe dispensaram tratamento de emergência e o acalmaram. Exames feitos posteriormente revelaram que ele havia nascido apenas duas horas antes de eu o ter encontrado. Três dias depois, para minha alegria, seu estado geral apresentava grande melhora.

Sei que vou reencontrar meu anjo da montanha, embora não saiba quando isso acontecerá. Sei que ele nasceu com um propósito e creio que esse propósito é tentar salvar todas as crianças abandonadas neste mundo. Sei ainda que apenas Deus compreende exatamente como se cumprirá o destino desse anjo, assim como compreendia quando eu dizia a meu pai: "Vou crescer e me tornar uma pessoa muito importante para salvar todas as crianças pobres do mundo". E meu pai sorria e confirmava: "Tenho certeza disso". Tantos anos depois, pude salvar essa criança. Levarei comigo, enquanto viver, a emoção que senti naquele momento.

O bebê foi adotado por uma família amorosa e está seguro, protegido de qualquer ameaça. Preferi não adotá-lo, pois sabia que ele seria importunado enquanto estivesse comigo devido à notoriedade dada pela imprensa a seu resgate dramático.

Estou convicta de que Deus me pôs no caminho dessa criança para salvá-la da morte. Há um ano, durante um evento em benefício da instituição *Save the Children*, proferi uma palestra e falei sobre a forma como Deus me revelara, naquela mesma montanha, que meu destino na vida era salvar crianças. Então, quando eu começava a perder o ânimo e a fé na luta por essa causa, Ele colocou esse anjo diante de mim para que eu o salvasse.

Estou certa de que Deus observa e chora sempre que um ato perverso ocorre na face da Terra. Creio também que meu anjo da montanha me encontrará algum dia, e quando isso acontecer, haverá um instante especial, fora do tempo, como na primeira vez em que o vi. Falaremos no silêncio, usando a linguagem dos anjos. Apoiaremos um ao outro, sentiremos as mesmas coisas, e nossas crenças serão iguais. Deus e os anjos estarão sempre conosco enquanto mantivermos nossa fé.

4. PARAMÉDICOS:
UM CHAMADO DO OUTRO LADO

Jan Barron

Alguns anos atrás, eu trabalhava como paramédica no departamento de resgate do Corpo de Bombeiros da cidade de Gary, em Indiana. Na ocasião, nutria sérias dúvidas profissionais e pensava em mudar minha área de atividade.

Pedi ajuda ao Espírito Divino. Meu maior problema como paramédica era a consciência aguda de que ninguém parecia notar o bom trabalho que meu parceiro e eu fazíamos. Assim, pedi em minha prece noturna: "Mostre-me que você está aqui, que se importa comigo". Eu desejava sentir a presença do Espírito Divino e também a de Wah Z, meu mestre interior.

Logo depois disso, eu e Rick, meu parceiro, fomos chamados, às 3 horas da manhã, para atender a um acidente ocorrido entre dois carros nas proximidades da linha férrea. Havia muita névoa e caía uma chuva fina. Quando chegamos ao local, verificamos que vários fios elétricos de alta-tensão tinham sido rompidos pelos carros. Duas das vítimas do acidente estavam caídas do outro lado dos fios letais.

Sabíamos não ser possível passar para o outro lado, principalmente debaixo de chuva, pois a grama molhada se transformara num condutor de eletricidade. Rick voltou à viatura para pedir reforço enquanto eu, tateando através da neblina, caminhei até o outro carro. Notei que um transeunte havia parado para ajudar uma das vítimas.

Nesse momento, um oficial de polícia se aproximou, tomou meu braço direito e disse: "Venha comigo, vou ajudá-la a passar pelos fios. Aqueles homens precisam de você".

Não tive medo quando o oficial acendeu sua lanterna e me conduziu pelo caminho. Não olhei para seu rosto, mas sentia sua mão em meu braço enquanto andávamos entre os fios. Durante uma fração de segundo observei esses fios, que chispavam e se retorciam sobre a grama molhada. Tudo o que eu sentia era um suave impulso de solidariedade e amor. Precisava alcançar aquelas pessoas.

Tive toda a fé e confiança naquele oficial de polícia e cheguei a salvo ao outro lado. Enquanto corria na direção do carro, vi que um dos homens estava sendo socorrido por um segundo transeunte. Tinha um ferimento na perna, e o outro fazia um bom trabalho aplicando-lhe um torniquete para deter a hemorragia.

Concentrei-me na segunda vítima. O homem ficara preso no pára-lama do carro, e era evidente que não conseguiria sair dali sozinho. Preparei-me intimamente para tornar-me um bom veículo da vontade divina.

Olhei em volta e vi várias viaturas de emergência que chegavam. Procurei pelo oficial de polícia que me conduzira através dos fios, mas ele desaparecera de repente, assim como o outro homem que cuidara da perna de uma das vítimas. Ambos haviam sumido!

Fiquei confusa. Não havia forma de sair dali, pois a única estrada ficava além dos fios. E me dei conta, naquele momento, de que estivera trabalhando com dois espíritos guardiões que vieram socorrer as vítimas do acidente.

Ninguém mais vira nem um nem outro. Meu marido, que também é paramédico do Corpo de Bombeiros, chegara com uma das ambulâncias de reforço e ficou muito contrariado pelo fato de eu ter atravessado os fios de alta-tensão. Meu parceiro e todos os outros participantes do resgate censuraram minha imprudência, pois eu poderia ter morrido. Tentei explicar o que acontecera, mas meu marido, que não compartilha minhas crenças espirituais, nunca mais tocou no assunto desde aquele dia.

Essa experiência representou para mim uma grande lição de conhecimento e confiança interiores. Estava convicta de que aquele guardião espiritual, disfarçado de oficial de polícia, me protegeria durante a travessia dos fios, e a força de sua presença e de sua fraternidade solidária era tudo o que importava.

Penso às vezes nesse acontecimento, principalmente quando sinto medo ou dúvida de que alguém lá em cima cuida de mim. Mas posso afirmar com toda a segurança que os guardiões espirituais estão aqui para nos ajudar. Esse poder torna-se tangível nos momentos em que é mais necessário. Estamos todos rodeados por uma graça salvadora muito maior que nós mesmos. Assim, quando eu tiver dúvidas, sei que receberei alguma prova — talvez não tão dramática quanto aquela, mas com certeza sempre muito clara para mim.

5. O ACASO NÃO EXISTE

Jim Wright

Era sexta-feira em Tacoma, Washington. Terminei minhas tarefas do último caso do dia como investigador particular e decidi verificar os recados telefônicos mais uma vez antes de tomar o rumo de casa para o fim de semana. Fiquei surpreso ao ouvir a voz doce e angelical de uma garota de 13 anos de idade chamada Tammy, que deixara na secretária eletrônica uma mensagem simples afirmando que desejava encontrar o seu avô. Tammy e suas irmãs haviam perguntado ao pai o que gostaria de receber como presente de aniversário, e a resposta dele foi a mesma de todos os anos: encontrar seu pai. Nunca antes uma pessoa tão jovem solicitara meus serviços, e assim senti alguma coisa especial a respeito do tom e do propósito daquela mensagem. Apenas não sabia exatamente o que era.

Telefonei para o número que a garota me deixara na mensagem, e ela ficou muito emocionada. Determinadas a encontrar o avô para realizar o antigo desejo do pai, Tammy e suas irmãs haviam telefonado, sem que ele soubesse, para vários detetives particulares cujos dados encontraram nas *Páginas Amarelas*. A garota e sua irmã Rachelle, de 14 anos, além da caçula, Kimberly, juntaram 19 dólares trabalhando algumas horas como babás a fim de contratar os serviços de um detetive particular e fazer dessa forma uma surpresa para o pai, encontrando o avô que nunca chegaram a conhecer.

Um desses investigadores disse a Tammy que o dinheiro não seria suficiente. Outro sugeriu que ela fosse à polícia pesquisar os registros de pessoas desaparecidas. O terceiro nem sequer deu resposta à mensagem deixada. Senti que as últimas esperanças da menina convergiam para mim, uma vez que não conseguira nenhum resultado dos outros detetives. Embora na ocasião não compreendesse a razão exata desse nosso contato improvável, tive a premonição de que esse caso envolvia mais do que a simples fantasia de uma garota. Sei também da importância que os avós têm para seus netos — e vice-versa. Assim, quando Tammy me pediu para aceitar o caso, concordei de imediato, sem pensar.

Perguntei, em primeiro lugar, se a mãe delas tinha conhecimento do plano. Disseram timidamente que não. Pedi que a chamassem ao telefone para esclarecer esse ponto. Contei à mãe, que se chamava LaDonna, o que suas filhas pretendiam, ao que ela respondeu apenas: "É mesmo? Fizeram isso?" Senti, contudo, uma ponta de orgulho em sua voz. Ela confirmou o fato de que o marido, Tom, sempre afirmara sentir uma lacuna em seu coração por nunca ter conhecido o pai, do qual fora separado desde tenra idade. Eles procuraram pelo pai de Tom, Harold Z. Gates, durante anos e por todo o país, mas nunca tiveram sucesso. Desanimados, perderam a esperança. A pergunta constante de Tom, eternamente sem resposta, era: "Onde está meu pai?"

Eu disse a LaDonna que talvez nunca encontrássemos Harold, pois dispúnhamos apenas de seu nome para iniciar a investigação, mas disse também que começaria imediatamente a busca e telefonaria na segunda-feira para dar notícias. Ela quis saber quanto eu cobraria por meus serviços. Respondi que cuidaria gratuitamente do caso porque admirava a determinação de suas filhas e o amor evidente que sentiam pelo pai.

Depois de uma pesquisa feita em todo o país, encontrei finalmente o Harold Z. Gates certo na cidade de Las Vegas. Quando lhe telefonei e falei sobre os persistentes esforços de suas netas para encontrá-lo, ele me disse tranqüilamente que havia muito tempo que esperava por meu chamado, pois sabia que eu poderia reuni-lo com sua "nova" família. A reação de Harold foi uma completa surpresa para mim. Eu esperava gritos de alegria ou muitas lágrimas. Em vez disso, sua atitude serena me dizia: "Por que demorou tanto? Vamos embora!" Isso tudo confirmou minha intuição de que um plano maior estava em andamento.

Telefonei para LaDonna na tarde de segunda-feira e comuniquei-lhe a boa notícia. Ela disse que Tom estava trabalhando e não voltaria para casa antes das 8 horas da noite, o que daria à família tempo de preparar a surpresa. LaDonna passou o telefone para Tammy, e eu mal tive chance de lhe contar o que acontecera, pois a menina e suas irmãs começaram a gritar e a festejar loucamente. Foi uma conversa muito curta.

A casa estava às escuras quando Tom chegou naquela noite. Presumindo que sua família saíra, ele verificou se havia algum bilhete sobre a mesa da cozinha, como era o habitual. E havia um, sim. Tom começou a ler a nota, que dizia: "Seu pai precisa receber um telefonema seu nesta noite, às 8 horas". LaDonna e as meninas estavam escondidas no banheiro, que ficava no fim do corredor, observando o jeito de Tom. Como esticavam o pescoço além do batente da porta, suas cabeças pareciam "empilhadas" umas sobre as outras. Tammy contou-me depois que seu pai ficou petrificado diante da mesa, com os olhos fixos no bilhete. Ao voltar-se, finalmente, viu a esposa e as filhas, que entraram na cozinha com um largo sorriso. Tammy rompeu o silêncio exclamando: "Vamos ligar para ele, papai! Já são 8 horas!"

Assim, naquela noite, as três meninas falaram com seu avô pela primeira vez na vida. Tom conversou com o pai durante quase duas horas e falou de sua busca e da falta que a presença paterna lhe fizera a vida toda. Falou também sobre o encontro da família após tantos anos.

Na Páscoa daquele ano, na casa de Tom e de LaDonna, todos eles sentaram-se à mesa para jantar pela primeira vez como uma família reunida. Algum tempo depois, fui convidado para a festa de aniversário de uma das meninas. Ao chegar, fui saudado por uma grande faixa que dizia: "Muito obrigado, detetive Jim Wright". Todos haviam assinado a faixa e deixado mensagens para mim relatando o significado daquele reencontro com Harold. Essa faixa está hoje em dia "hasteada" em meu escritório como um troféu que me faz lembrar o poder do amor e a importância de seguir as oportunidades que aparecem diante de nós. Sei agora que o acaso não existe.

As notícias desse caso se espalharam, e meu escritório acabou por trabalhar para a reunião de várias outras famílias. Os efeitos do chamado de Tammy trouxeram profundos benefícios, não apenas para sua família, mas também para muitas outras. Tudo isso aconteceu porque três meninas não aceitaram uma resposta negativa do destino diante da esperança de preencher o único espaço vazio no coração de seu querido pai.

6. UMA VIAGEM INESPERADA

Elizabeth A. Seely

Era impossível negar o medo perturbador que eu sentia. Precisava de orientação, mas sabia que ela só poderia vir de um único lugar. Assim, em certo dia frio e nevado de janeiro de 1997, decidi reservar o tempo que fosse necessário para resolver minhas preocupações. Eu vivia um momento difícil. Achava-me em plena busca de emprego e tivera de pôr minha casa à venda. Esses fatos, por si sós, bastavam para gerar aquela sensação de insegurança. Além disso, estava saindo com um homem que levava nosso relacionamento muito a sério, mas eu me sentia reprimida e manipulada por ele. Atravessando esse labirinto de emoções, tinha consciência do que deveria fazer: rezar. Rezar muito. Comecei uma série de orações que repetia diariamente. Nunca fizera isso antes, mas minha urgência agora era real. As lágrimas rolavam pela minha face, e cada uma delas era um lembrete de meu medo intuitivo. Sentia com muita força que alguma providência divina seria necessária para impedir-me de continuar com esse relacionamento e de possivelmente casar-me com um homem que eu não amava. Não contei a ninguém esse meu pedido pessoal e precavido.

Naquela noite, desci ao porão para procurar determinada caixa. Em algum canto, guardados em uma caixa de papelão, estavam os álbuns de recortes e fotos de minha infância. Acreditava que, se os mostrasse a meu namorado, eu talvez tivesse uma idéia mais realista do que ele de fato pensava de mim. Procurando uma solução para aquele impasse, eu diligentemente rebuscava minhas lembranças. Encontrei de repente uma caixa coberta de bolor. Não me pareceu familiar, e era óbvio que se molhara por algum motivo. Retirei com cuidado a fita adesiva e abri as bordas de papelão carcomidas. Essa caixa não era aberta havia mais de quinze anos. Dentro dela, jazia um estranho conjunto de objetos pessoais, inclusive velhos livros. Gostei de esmiuçar esses pertences que eu mudara muitas vezes de lugar sem me dar conta de sua idade. Quando peguei um dos livros, um cartão-postal muito antigo caiu de suas folhas. Trazia a imagem da Igreja de Santa Maria de Headley, na Inglaterra.

Interrompi minha busca e sentei-me na escada que dava acesso ao porão para examinar melhor o cartão — e entrei de repente num feliz túnel do tempo que me fez voltar dezoito anos em minhas recordações. Eu tinha então 17 anos de idade e passava as férias em Folkestone, uma pequena cidade litorânea situada no sudeste da Inglaterra, onde visitava a minha avó. Minha mãe é inglesa e muitas vezes, durante os anos de nossa infância, levou a mim e a meu irmão para aproveitar as férias na companhia de nossos parentes britânicos.

Naquele verão, Peter, primo de minha mãe, viera de Londres para nos ver. Encontrara-o em duas ocasiões anteriores, na primeira das quais eu tinha apenas 8 anos de idade. Naquele dia quente, de vento forte, Peter gentilmente nos ofereceu uma pequena excursão enquanto nos levava de carro à casa de seus pais para visitá-los.

Ao longo do caminho, passamos por Headley. A pedido de mamãe, fizemos uma pausa para esticar as pernas e percorrer aquele vilarejo singular. Ela guardava lembranças vagas de suas visitas a

Headley durante a infância. Afinal, fazia mais de quarenta anos que ela e sua família haviam deixado a região.

Paramos na Igreja de Santa Maria para uma visita. Talvez encontrássemos os nomes de alguns ancestrais gravados nas pedras do cemitério. Senti um arrepio de emoção quando penetramos no interior da igreja. Tudo aquilo era novo para mim: a investigação das marcas deixadas no tempo por algum antepassado distante! Com esse pensamento em mente, eu prossegui, e minha cabeça estava cheia de mistérios. Ao olhar para trás, notei que havia mais alguém no velho cemitério. Minha mãe também notara essa presença.

Ela se aproximou do idoso senhor, que parecia estar limpando as lápides da invasão de alguns arbustos. Para sua completa surpresa, mamãe reconheceu nele o filho de uma sua tia-avó. Após uma breve conversa, ele nos convidou para conhecer a igreja, que estava vazia. Entramos respeitosamente nesse antigo recinto de orações, datado de 1317.

Fiquei atônita com o que vi no interior do templo. Acima de nós, circundando o teto, os doze signos do Zodíaco estavam representados. O primo Peter, também intrigado, comentou comigo esse fato insólito. Uma igreja cristã com os signos astrológicos do Zodíaco — isso era desconhecido para mim.

Em meu porão, afastei os olhos do cartão-postal ao perceber de repente que estava ficando gelada. Já não tinha interesse em encontrar meus velhos álbuns, pois descobrira uma coisa muito mais importante. Levei comigo o velho cartão e pelo resto da noite acalentei recordações daquele verão que eu vivera dezoito anos antes.

O dia seguinte trouxe de volta a velha rotina: levar minhas filhas à escola, preparar currículos e marcar entrevistas de emprego. Olhei novamente o cartão-postal, mas dessa vez sua visão provocou em mim um sentimento estranho, quase místico.

Na tarde seguinte, recebi um telefonema. Ao atender, ouvi uma voz masculina dizer com sotaque britânico: "Alô, Elizabeth?" Sem esperar resposta, ele continuou: "Aqui é Peter Edgehill, seu primo, estou falando da Inglaterra".

Fechei os olhos enquanto um misto de incredulidade e alívio tomavam conta de mim. Não podia acreditar! Durante dezoito anos, eu não recebera uma única notícia de Peter. "Dezoito anos!", pensei, estarrecida. Olhei o cartão-postal, que estava agora sobre o tampo de minha cômoda. Tratava-se de uma coincidência inacreditável.

A conversa foi breve. "Eu poderia visitar você?", ele perguntou.

Ainda sem acreditar que estava falando com Peter, consegui dizer que seria maravilhoso recebê-lo em casa. Ele respondeu que faria imediatamente a reserva de uma passagem. Desliguei o telefone com uma intensa sensação de alívio. Senti-me como se alguém ou alguma coisa estivesse cuidando de mim, mas meu lado racional sabia que isso era logicamente impossível.

Ao chegar, o primo Peter contou-me que, logo após nossa conversa, marcou passagem para o primeiro vôo disponível. Foi depois a um bistrô local onde pediu uma xícara de café e, nesse momento, experimentou também o que chamou de "uma inegável sensação de alívio".

Minha família também ficou ansiosa pelas notícias trazidas por nosso primo. No dia seguinte à chegada de Peter, nós visitamos meus pais, olhamos álbuns de velhas fotos, discutimos política e falamos sobre o clima. Era a primeira visita dele à região onde morávamos, e tantas coisas aconteceram nesses dezoito anos. Foi apenas na segunda noite de sua estada entre nós que Peter e eu pudemos ter uma conversa pessoal.

Demonstrei ceticismo quando ele me apresentou um livro sobre astrologia. Será que sempre o levava consigo quando viajava? Estava curiosa para ouvir sua explicação sobre essa súbita visita a alguém que ele na verdade mal conhecia. Mantive a mente aberta, mas deliberadamente evitei falar muito. Estava ainda estarrecida com a situação, e fiquei perplexa com o que ouvi em seguida. Sem preâmbulos e sem nenhuma preocupação em descrever sua personalidade nem seu caráter, Peter me informou que meu namorado "não era o homem certo". E disse mais: "Você seria apenas um troféu para ele, nada além de um troféu".

A princípio, senti-me ofendida por esses comentários levianos. Em que Peter se baseava para expressar sua opinião? Com a continuidade da conversa, porém, fui ficando nervosa. Ele descrevia meu namorado com precisão, dava detalhes assombrosos sobre sua personalidade. Além disso, conhecia seu caráter dominador. Por mais estranho que parecesse, eu me surpreendi perguntando a Peter: "Você é paranormal?"

"Não, não sou", ele respondeu. Mas, enquanto meu primo prosseguia com suas descrições e previsões, comecei a ver com clareza como seria de fato minha vida com esse homem que reclamava o direito de cuidar de mim. As observações de Peter eram muito diferentes das que eu ouvia de meus amigos e de minha família, e apesar disso revelavam-se tão acuradas. Era inegável que meu primo tinha consciência, não apenas de minhas dúvidas interiores, como também da razão delas.

Pouco depois, enquanto estávamos na cozinha, não pude deixar de pensar que aquela experiência era a mais extraordinária que eu já tivera. Peter começou então a andar ao longo do piso de ladrilhos verdes e brancos. Em voz alta, ele exclamou: "Você está enviando sinais, Elizabeth, e eu os tenho recebido! Uma voz rompeu a distância, e eu me vi aflito para voar da Inglaterra para cá".

Comecei a tremer, e as lágrimas verteram de meus olhos. Eu não contara minhas preces recentes a ninguém. Eu não comentara minha total falta de confiança em meu namorado com ninguém. Não falara do medo paralisante que sentia do futuro com ninguém. Com ninguém, além de Deus.

Peter começou a sentir uma manifestação física de Sua presença. Eu tampouco pude negar esse inefável sentimento. Uma voz falava comigo através desse inglês alto e magro que eu conhecera na infância. Uma voz me dizia que eu pedira ajuda — e que essa ajuda acabara de chegar.

Peter continuou: "Pense naquele que chamou, Elizabeth. Você é verdadeiramente amada".

Ainda trêmula, agradeci a Deus por atender as minhas orações. Expliquei a Peter os medos, as dúvidas, a insegurança que eu sentia e falei do conteúdo de minhas preces. Eu via nele um mensageiro de Deus. Fiz um pedido e fui abençoada com uma resposta: divina intervenção!

Aquela noite marcou um memorável divisor de águas em minha vida, assim como na vida de meu primo. Isso me impediu de cometer um erro terrível. E também me preparou, bem como as pessoas próximas de mim, para prosseguir no caminho do amor. Minha viagem inesperada apenas começava.

II

VISITAS

1. MÃE TRANSFORMADA EM ANJO

Linda Tisch Sivertsen

Minha mãe e eu conversávamos com freqüência sobre vida após a morte. E essas trocas de idéias eram motivadas por alguns fatos místicos ocorridos durante a minha infância.

O assunto surgiu pela primeira vez quando descobri que nossa casa era "assombrada". Isso, no entanto, não me assustava, pois na verdade eu gostava do "fantasma" daquela mulher. Podia vê-la mentalmente e decidi que essa benevolente anciã de cabelos brancos estava na raiz de certos acontecimentos inexplicáveis lá de casa, como luzes e aparelhos de som que se ligavam e desligavam sozinhos quando eu, brincando, ordenava isso. Sempre senti sua presença amável e costumava dizer à minha mãe que ela era nossa protetora. Mamãe concordava, pois sabia que uma senhora de idade morrera em nossa casa quase quarenta anos antes.

Nós falávamos sobre essa situação com a mais absoluta naturalidade. Eu sentia gratidão pelo fato de mamãe ser tão receptiva e nunca menosprezar minhas palavras, como faziam algumas outras mães, que rejeitavam essas idéias classificando-as de "excesso de imaginação".

A segunda vez que falamos em espiritualidade foi por ocasião da morte de nosso pastor-alemão, Leo, acontecimento traumático para toda a família. Leo levara uma vida intensa até os 8 anos de idade, quando contraiu uma doença renal. Eu não exagero ao usar a palavra "intensa". Leo apresentava todas as qualidades e também todas as manhas próprias dos cães. Era muito grande e tinha a mania de jogar o corpo enorme contra a porta de vidro basculante da sala de jantar quando queria entrar em casa. Apoiava-se nas pernas traseiras e balançava a porta para a frente e para trás com as patas dianteiras, usando todo o seu peso nessa "façanha". Era um hábito barulhento e desagradável, mas não nos importávamos com essa intensa demonstração de energia. Nós ríamos e falávamos com ele enquanto comíamos, pois a mesa ficava diante da porta de vidro. Sempre me admirei pelo fato de Leo nunca ter conseguido pôr tudo abaixo com seus pulos.

Mamãe e eu não aceitamos bem a morte de Leo. Éramos uma família espiritualizada, sabíamos que tudo tem seu tempo, que nosso cão fora para um lugar melhor. Sabíamos até que o veríamos de novo algum dia. Mas a razão e o coração não estavam em sintonia. Nada parecia aliviar o nosso pesar. Em outras palavras, não conseguíamos nos desapegar dele.

Certa tarde eu estava sozinha em casa, parada junto à mesa da sala de jantar, quando de repente a porta de vidro basculante começou a balançar fortemente para a frente e para trás. Pensei tratar-se de um terremoto, uma vez que morávamos na Califórnia, por isso corri para fora. Mas notei em seguida que nada mais se movia além da porta. Alguma coisa me disse que era Leo tentando chamar a minha atenção. Voltei lentamente para perto da porta e ali fiquei, estarrecida. Senti a presença dele e sabia o que desejava. Ele queria que minha mãe e eu o deixássemos descansar em paz, queria que nossa vida continuasse. Quando mamãe chegou em casa, contei-lhe o que acontecera e ela compreendeu, sem nenhuma dúvida, que precisávamos parar de lamentar a morte de nosso amigo de uma vez por todas.

Assim, quando descobri que minha mãe estava morrendo prematuramente de câncer, com 59 anos de idade, tive certeza de que ela, algum dia e de alguma forma, entraria em contato comigo do além. Deitada em seu leito de morte, mamãe repetiu muitas vezes que sempre estaria junto de mim e de minha irmã. Afirmou que sempre cuidaria de nós e nos ajudaria quando fosse necessário. Alguns dias depois de sua morte, chorando e rezando, eu caminhava pelo jardim que ela cultivara com tanto carinho quando ouvi passos atrás de mim. Eram passos ágeis e firmes, como os de mamãe, mas quando me voltei, não vi ninguém. Eu sabia, porém, que ela estivera ali perto de mim, assim como sabia que ela fizera florescer sua roseira preferida no dia de seu funeral. Nunca me faltou coragem para prosseguir vivendo porque, através do tempo, ela me deixou inúmeros sinais inequívocos de sua presença amorosa.

Apesar de tudo isso, fiquei surpresa quando mamãe se manifestou durante uma ocasião crítica de minha vida. Certo dia, precisei chamar uma ambulância para socorrer meu marido, Mark, porque tinha certeza de que o apêndice dele estava supurado. Embora forte como um touro, ele jazia curvado em nossa cama, gritando de dor, sem poder se mexer. Foi levado às pressas para o hospital, onde, devido a alguns sintomas atípicos, recebeu o diagnóstico incorreto de grave intoxicação alimentar. Durante vários dias permaneceu em estado crítico, o que me fez iniciar o processo de cancelamento da mais importante viagem de negócios de minha vida.

Eu trabalhara por muitos anos em um projeto que seria concluído naquela semana. Mark sabia que eu investira muito dinheiro e grandes sonhos naquela viagem à Flórida, por isso me proibiu de cancelá-la por causa dele. Na manhã da partida, meu marido parecia ótimo. Sentou-se na cama do hospital, coisa que ainda não conseguira fazer desde a internação, e afirmou que estaria em casa antes de eu voltar da viagem. Aliviada pela melhora de seu estado e acreditando que seu organismo estava livre da "intoxicação", corri para o aeroporto.

Assim que cheguei à Flórida, liguei para o hospital e soube que as condições de Mark haviam piorado muito. A enfermeira me explicou que o apêndice dele de fato *estava* supurado, mas se deslocara para cima, na região posterior do estômago, o que impediu o diagnóstico correto. Os órgãos internos de meu marido ficaram comprometidos pelas toxinas espalhadas em seu abdômen. Quando o levaram para a cirurgia, ele estava à beira da morte. A intervenção, segundo ela, fora bem-sucedida, mas seria preciso esperar uma semana ou mais para saber com certeza se Mark sobreviveria. A enfermeira ainda me aconselhou a levar alguém comigo quando fosse visitá-lo na UTI, pois a cena que eu veria — meu marido ligado a muitas máquinas e tubos — poderia ser chocante demais para agüentar sozinha.

Desliguei o telefone e desatei a soluçar incontrolavelmente. Ali estava eu, numa cidade distante, dentro de um solitário quarto de hotel, longe da pessoa mais importante de minha vida, que talvez estivesse morrendo. E tudo por causa do trabalho. Fiquei desesperada, mas a cidade de Orlando, onde me encontrava, estava na iminência de ser atingida por um tornado, e as viagens aéreas haviam sido suspensas por 24 horas. Enquanto chorava, sentada sobre o tapete daquele quarto de hotel, uma intuição me fez abrir a bolsa.

Em minha pressa de chegar ao aeroporto, dois dias antes, notei que o vestido que eu usava estava puído, por isso coloquei na bolsa uma pequena caixa de costura com agulha e linha. Um ano antes, eu pegara essa caixa, repleta de velhos botões, na casa de meus pais. Mas só naquele momento notei o que havia no fundo dela. Uma mensagem, escrita com a letra inconfundível de meu pai, dizia: "Para minha querida Joanne, de seu admirador nada secreto".

Meu pai dera a caixa para mamãe, e imediatamente eu compreendi que ela estava tentando chamar a minha atenção. Podia sentir sua presença no quarto e de repente, pela primeira vez depois de sua morte, ouvi sua voz: "Ele vai ficar bem". Foi apenas isso que minha mãe disse, mas soou com tamanha clareza que senti que estava certa. Sabia que ela possuía esse conhecimento mágico e tinha plena convicção de que não diria nada que não fosse verdadeiro.

Tive uma reunião de negócios perfeita na Flórida naquela tarde, a melhor de minha vida. A viagem foi, de fato, o desfecho ideal do sonho que eu construíra com tanto trabalho e esforço. Levava comigo a certeza de que tomara a decisão correta, afinal de contas. Na manhã seguinte, todavia, quando liguei para o hospital, as notícias não foram animadoras. Enquanto chorava debaixo do chuveiro, ouvi mais uma vez a voz forte e amorosa de minha mãe: "Ele vai ficar bem".

Gostaria de poder dizer que minha mãe e eu passamos muito tempo ainda conversando e rindo naquele dia. Aliás, pelo contrário, nunca mais ouvi sua voz. Aquelas palavras, entretanto, aliviaram meu coração dolorido e me ajudaram a acreditar que tudo daria certo. Ela dissera a verdade. Meu marido passou por uma experiência muito difícil, mas superou tudo.

Espero que nunca mais seja necessário que mamãe venha ajudar-me a enfrentar uma crise, mas sei que, se for preciso, ela estará comigo, orientando-me com seu profundo conhecimento. Poucas coisas nesta vida trazem tanto conforto quanto a certeza da assistência espiritual.

2. UMA DÁDIVA DE DEUS

Pamela McGee

A doença de meu pai foi longa e crivada de emoções e de ensinamentos. Apesar do amor profundo que eu lhe dedicava, a raiva e o ressentimento vieram à tona quando ficou evidente para mim que ele se matava lenta e progressivamente porque comia demais. Como podia fazer isso consigo mesmo? Como podia fazer isso comigo? Minhas súplicas e sugestões de dietas e tratamentos que o ajudariam a controlar a doença caíam em ouvidos surdos à medida que ele engordava mais e mais. Os problemas de saúde começaram a surgir. Minha impressão inicial era de que meu pai queria voltar dezesseis anos no tempo, quando mamãe morreu. Suas palavras finais para ele foram: "Cuide bem de si mesmo e fique sempre perto das crianças".

Papai morava em Salt Lake City, no estado de Utah, e eu tinha uma vida estruturada e maravilhosa no sul da Califórnia com meu marido e meu filho. No ano anterior à sua morte, meu pai me pediu muitas vezes para cuidar dele. Eu recusava da melhor maneira possível, pois não tinha qualificações para tratar de um homem gravemente enfermo que já não saía da cama e pesava quase 200 quilos. A única solução para seu caso tornara-se evidente: assistência médica domiciliar. Além disso, uma parte de mim se recusava a guardar a lembrança de sua grotesca condição física. Embora eu amasse meu pai com sincera compaixão e continuasse a visitá-lo sempre que podia, meus ressentimentos e minha raiva pela situação que ele mesmo criara ainda eram fortes.

O Natal daquele ano foi terrivelmente difícil para mim e minha família. Meu filho, então com 7 anos, sofria demais ao ver o avô, que ele tanto amava, deteriorar-se diante de seus olhos. Eu sentia ser aquela a última vez em que estaríamos fisicamente junto de meu pai, e a despedida foi muito penosa.

Na noite do dia 24 de janeiro, tive um sonho extraordinariamente real: meu pai e eu estávamos sentados em torno de uma pequena mesa de café no meio de um recinto cheio de luz, de um branco indescritível. Ele parecia ter vinte anos menos. Não sentia dor nenhuma. Estava feliz, amável e jovial enquanto tomávamos café. Compartilhamos muitas lembranças alegres e rimos várias vezes com toda a sinceridade.

Ao tomar o último gole de seu café, papai voltou-se para mim e disse: "Eu amo você, mas chegou minha hora de partir".

"Eu sei", respondi. "Não se esqueça de dar um beijo em mamãe por mim." Ele se levantou com tranqüilidade e lentamente foi embora, desaparecendo naquela luz cintilante. Uma grande paz me envolveu, e eu senti que tudo estava em ordem, como tinha de ser.

Quando acordei, o medo e o pânico me dominaram. Eu não conquistara ainda a forte convicção espiritual que possuo hoje, nem acreditava que os sonhos tivessem sentido. Mesmo assim, perguntei a mim mesma o que aquele sonho queria dizer. Nesse exato momento, o telefone tocou. Era meu irmão, informando que papai acabara de morrer. Contei a ele a visita maravilhosa que nosso pai me fizera em sonho. Disse também que, ao ouvir o telefone tocar, eu sabia que receberia a notícia de sua morte.

Lembrando hoje de todos esses fatos, vejo que o sonho foi um presente de Deus, uma dádiva que encheu meu coração de amor, perdão e compreensão. Foi uma oportunidade de entender que estamos todos ligados aos nossos entes queridos, e que podemos sentir sua presença e até mesmo vê-los em muitos níveis da realidade. Uma oportunidade de sentir compaixão por um homem que sofreu uma grande dor. Uma oportunidade de superar meu desejo egoísta de mantê-lo preso ao mundo físico, quando ele de fato precisava da libertação. E, finalmente, uma oportunidade de recordar meu amado pai da forma que melhor refletia seu verdadeiro ser.

Quando chegar a ocasião, meu pai e eu nos reuniremos em meus sonhos para dar continuidade a essas visitas cheias de amor, intuição e verdade. Obrigada, meu Deus.

3. UM ANJO GANHA SUAS ASAS

Barbara Horner

Um toque suave em meu ombro despertou-me de um sono profundo na noite em que minha irmã se juntou aos anjos de Deus. Ergui-me para cumprimentar a pessoa que me chamava, quem quer que fosse, mas não vi nada nem ninguém. Senti necessidade de anotar meus pensamentos e acendi a luz. Depois de escrever durante alguns minutos, perguntei a mim mesma: "Seria realmente ela?"

Não reli o que escrevera até a manhã seguinte, durante a viagem que fiz para reunir-me ao resto da família numa homenagem a minha irmã. Cruzando o país a milhares de metros de altura, eu olhava através da janela do avião, sentindo de novo sua presença, e lembrei-me de minhas anotações da véspera. Relendo-as, percebi que minha irmã ditara aquelas palavras, que expressavam a maneira como desejava que sua família e seus amigos se lembrassem dela.

Já na casa de meus pais, eu podia ver sua presença em toda parte e decidi esperar um pouco antes de comunicar a todos o que ela me fizera escrever. Sentei-me em seguida diante de seu computador e digitei a mensagem. Uma de minhas irmãs entrou no quarto enquanto eu a imprimia. Um a um, todos os parentes e amigos se reuniram em torno de mim para compartilhar aquelas palavras belíssimas.

Naquela noite, minha irmã mais velha e eu ficamos acordadas até tarde, conversando, como fizemos tantas vezes quando jovens. Mas, finalmente, dormimos. O toque cristalino de um sino vibrando aos pés da cama me acordou de repente. Levantei a cabeça, olhei em volta, não vi nada e voltei a cair sobre o travesseiro. Ouvi em seguida mais um toque — seria minha irmã outra vez? Como em resposta, o terceiro toque soou, muito claro. Sentei-me na cama e disse: "Você deve ter ganhado suas asas, não é?" Com essas palavras e uma sensação muito grande de paz, tornei a dormir. Soube na manhã seguinte que minha sobrinha e uma de nossas amigas também ouviram o som de sinos vibrando aos pés da cama onde dormiam.

4. SINAL DA NATUREZA

Gerri Magee

*Não recordamos os dias,
recordamos os momentos.*

O telefone tocava longamente. Eu estava de saída para a casa de minha mãe e queria avisar a família disso. Renê, minha irmã mais nova, finalmente atendeu.

"Como está mamãe?", perguntei.

"Ela se foi", ouvi em resposta.

Pensei, por um instante, que mamãe fora novamente levada às pressas para o hospital, como ocorrera tantas vezes naquele ano. "O que você quer dizer, Renê?".

A resposta foi muito enfática: "Ela *morreu*, Gerri". Soube então que minha mãe acabara de falecer e fiquei gelada. O tempo parou, meu corpo e minha mente estavam entorpecidos, mas de algum modo consegui ligar para minha irmã gêmea, Glória, e avisá-la. Fui buscá-la e permanecemos em silêncio, cada qual com seus pensamentos, enquanto eu dirigia sob uma chuva torrencial.

A casa de mamãe estava em silêncio, quebrado apenas pelas vozes discretas de minhas irmãs, Dannie e Renê, que telefonavam para os parentes e amigos da família.

Mamãe estivera doente durante mais de um ano, e nós todas passamos muitas horas no hospital e à cabeceira de sua cama cuidando dela ou apenas lhe fazendo companhia. Houve duas ocasiões em que os médicos nos disseram que ela não viveria para ver o dia seguinte, mas sua força de caráter ajudou-a a superar essas crises. Dois dias antes de sua morte, senti um impulso irresistível de vê-la e passar a noite com ela. Eu não dormia em sua casa desde o dia de meu casamento, havia vários anos. Mamãe estava deitada em uma cama hospitalar instalada na sala, e passei em claro a maior parte da noite, acomodada no sofá, segurando-lhe as mãos e ouvindo sua respiração. Apenas Renê e eu estávamos em casa naquela noite. Na manhã seguinte, quando desci as escadas ao retornar do banho, vi o padre e uma paroquiana ao lado de minha mãe. Juntei-me a eles e rezamos todos, de mãos dadas. O padre então a abençoou e nos perguntou se gostaríamos que ela recebesse o último sacramento. Ele nos contou que raramente se oferecia para fazer isso, mas acreditava que a ocasião era oportuna e nos convidou para participar daquele ato de fé. Nós ficamos comovidas com o privilégio, e tudo transcorreu com muita devoção.

O padre já estava de saída quando bateram à porta. Era tia Sofia, a irmã mais velha de mamãe, a única que lhe restava. Ela também foi convidada a fazer uma oração especial, e aceitou de boa vontade. Naquele momento me dei conta de que não existe acaso no universo. Esse encontro decerto havia sido divinamente planejado. A filha mais velha e a filha mais nova de mamãe, além de sua única irmã viva, estavam ali para compartilhar aquele ritual abençoado. Não acredito em coincidências. Acredito, isso sim, que nós todos estamos no lugar certo e na hora certa quando as coisas se harmonizam com perfeição.

Ao voltar para a casa dela, naquela mesma noite, notei que mamãe estava ainda mais fraca e seus sinais vitais declinavam lentamente.

Na manhã seguinte, tratei de ir para o escritório e manter a mente ocupada com o trabalho. Durante todo o dia a canção "*My Way*" soou em minha cabeça com tal insistência que me perguntei se isso era algum sinal. Será que eu estava recebendo um aviso? Mais tarde, minha colega e eu fizemos uma entrevista ao vivo, para o nosso programa de rádio, com Linda Georgian, que acabara de publicar seu livro *Communicating with the Dead* [Comunicação com os Mortos]. Ela nos contou que entrara em contato com sua mãe, já morta, e esta a incentivara a escrever o livro. Esse foi mais um momento divinamente planejado. A letra da canção *My Way* era um aviso do que estava por vir. O que Linda Georgian relatou na entrevista foi outro aviso, pois ela afirmou que passara a se comunicar mais com a mãe após sua passagem. Tais mensagens me chegavam em alto e bom som. Naquela noite, mamãe faleceu.

Meus filhos, Teresa e Gary, vieram de Atlanta para juntar-se a mim e prestar as últimas homenagens à avó. Assim, nós todos nos envolvemos com as providências para a realização dos funerais. As lembranças de mamãe estavam por toda a parte: álbuns de velhas fotos de família, flores e coroas que chegavam, amigos e conhecidos que vinham nos consolar com seu abraço e sua presença. Todos tinham histórias dela para contar. Meu irmão, Billy, e sua mulher, Marion, também vieram. Eu fiquei surpresa por ver tanta gente que nem sequer conhecera a minha mãe. Essas pessoas estavam ali por nossa causa, para dar apoio à família. Percebi nesse momento que os funerais são feitos para os vivos, para aqueles que ficam para trás, e também para homenagear a vida de quem se foi.

O padre conduziu uma cerimônia simples durante a qual pediu que alguns presentes falassem a respeito de mamãe. Cada membro da família contou alguma lembrança que guardava dela. Sorrimos e choramos ao recordar sua vida plena e sua generosidade para com todos nós. Durante os dois últimos dias, eu pedira mentalmente a mamãe para dar algum sinal de que ainda estava entre nós. Buscava esse sinal em todos os cantos, mas a procura foi em vão.

Após a cerimônia, as pessoas se distribuíram em pequenos grupos para conversar, e me surpreendi vagando por ali na esperança de sentir a presença de minha mãe, de passar um derradeiro instante em sua companhia. Agradecia cada lembrança de nossa vida que me voltava à memória. Recordei uma conversa que tivemos meses antes e as coisas que dissemos, acertando nossas diferenças e resgatando a paz, o afeto e a compreensão entre nossas almas e nossos corações. Sentia-me grata e feliz por ter tido essa oportunidade, antes que sua doença piorasse e ela se tornasse incapaz de comunicar-se conosco e de entender o que estava acontecendo. Nós estivemos juntas em momentos muito bons, e isso me deixava muito contente.

Meus olhos se encheram de lágrimas de emoção quando recordei do quanto ela gostava de pintar as unhas. Lembrei-me de que, quando eu era menina, mamãe segurava minha mão na igreja enquanto rezava, e também durante os passeios que dávamos. Suas mãos tinham força. Ela sabia trabalhar a terra e fazia qualquer planta crescer. Todos sempre louvavam o seu talento para lidar com as plantas.

Nesse ponto de minhas reflexões, vi Renê, que se aproximava de mim com os dois braços abertos. Trazia nas mãos uma grande folha de bordo, a árvore preferida de mamãe. Ela entregou-me a folha e disse: "Isso veio de nossa mãe para você."

"Como assim?", perguntei. Minha irmã contou-me então que, ao dar uma caminhada pelos arredores após a cerimônia, notara que o solo estava coberto dessas folhas e viu que uma delas caiu bem à sua frente e permaneceu em pé, num equilíbrio muito improvável. O fato chamou sua atenção e ela abaixou-se para pegar a folha. Nesse instante, ouviu: "Leve-a para Gerri e diga que é da mamãe". Era o sinal que eu tanto pedira, mamãe estava de fato perto de nós. Ela me enviara aquela folha, que eu conservaria como um tesouro por toda a vida.

É verdade que nos desfazemos do corpo na hora da morte, mas o espírito vive para sempre.

Um ano antes, eu passara na casa de minha mãe para tirar algumas fotos das belas folhas de bordo que naquele outono, como em todos os outros, enfeitavam sua rua. Nós recolhemos uma porção delas e passamos uma tarde muito agradável. Por isso mamãe escolheu aquele sinal. A folha de bordo me provava, sem a menor sombra de dúvida, que a morte é uma passagem e que podemos continuar em contato com nossos entes queridos que se foram. O espírito sobrevive à morte física!

A propósito, minha irmã Renê nunca antes passara por nenhuma experiência desse tipo. Mesmo assim, não ficou chocada com o que lhe aconteceu. Ela acreditou, assim como eu, que nossa mãe realmente se comunicou conosco através daquela folha.

Eu sei que mamãe está perto de nós, tão próxima quanto o ritmo de nossos corações.

5. UMA VISÃO DE JESUS

Shawne Mitchell

Era o mês de abril de 1988. Eu estava no oitavo mês de gravidez de meu segundo filho. O nascimento do bebê estava previsto para a primeira quinzena de maio, justamente no período para o qual Nostradamus profetizou um forte terremoto no sul da Califórnia. Eu vivia nervosa diante da possibilidade de estar na maternidade se (e quando) o terremoto ocorresse de fato.

Algumas pessoas de minhas relações chegaram a deixar Los Angeles, mudando-se para o leste. Eu, porém, acreditava que, se o terremoto realmente acontecesse, receberia algum sinal de Deus a tempo de abandonar a região. Em minhas orações, pedia a Ele com freqüência que me desse um sinal. O que deveria fazer? Esperava e esperava, mas não recebia sinal algum.

Eu tinha um exame marcado no Hospital Santa Mônica para o dia 9 de maio. O tempo passava devagar. Meu marido e eu escolhemos o nome de Austin para o nosso bebê. Sentia os movimentos dele em meu ventre e mal podia esperar por seu nascimento.

Não costumo dar muita atenção a previsões desse tipo, mas admito que fiquei muito ansiosa com a idéia de ser surpreendida por um terremoto dentro de um edifício alto, com um recém-nascido nos braços e longe de meu marido e de nosso filho mais velho, Travis.

Com a aproximação do mês de maio, envolvi-me ainda mais com a expectativa do parto iminente. Mal conseguia esperar! Mesmo assim, no fundo de meu coração, uma sombra de ansiedade continuava a perturbar a alegria causada pelo milagre do nascimento de mais um filho.

Foi então que, certa noite, tive o sonho mais extraordinário e glorioso de toda a minha vida.

Estava de pé no primeiro banco da Igreja de Nossa Senhora das Neves, na cidade de Sun Valley, em Idaho. Meu marido e Travis estavam perto de mim. À minha direita vi Linda, uma amiga dos tempos de escola que morrera quando cursávamos a faculdade. O sonho foi tão real que me lembro de ter pensado como era possível que ela estivesse ali.

Não havia mais ninguém na igreja, exceto o ser transcendental que se colocara diante do altar e olhava para nós. Jesus ficou ali, brilhante, cintilando para nós, os braços abertos como se quisesse nos envolver em sua luz e em seu amor. Correntes rutilantes de luz colorida emanavam de toda a sua figura, da cabeça aos pés. Fiquei estarrecida, em êxtase. Podia sentir o amor e a compaixão de Jesus como uma energia invisível. Era como se pudéssemos tocar e sentir essa energia amorosa nos envolvendo. Eu não conseguia sequer respirar. Quando ergui os olhos e fixei seu rosto radiante, ele sorriu para mim e pude sentir que sua graça penetrava todo o meu ser.

Aquele foi, e será para sempre, o momento mais extraordinário e abençoado de minha vida. Soube instantaneamente que não precisava me preocupar com mais nada, que tudo daria certo. Eu me senti plenamente amada, pois Jesus estaria sempre muito próximo de mim. Ele cuidaria de nós — como cuida dos lírios do campo.

Chorando de alegria e trêmula por causa da energia, da luz e do amor que me envolviam, eu acordei.

Entrei em trabalho de parto no dia 28 de abril, e meu lindo filho Austin veio ao mundo. Ele tem hoje 10 anos de idade. Austin é para meu coração uma prova constante da presença de Jesus em nossa vida, um lembrete de que, quando assim desejar, eu poderei vê-lo com o olhar da mente a sorrir, radioso, para mim.

III

OUTRAS DIMENSÕES E FENÔMENOS MÍSTICOS

1. O IOGUE DE GELO

Nancy Cooke de Herrera

Índia, março de 1962.

Naquele ensolarado dia de primavera, nosso velho táxi se arrastava através do sagrado Vale dos Santos. O motorista *sikh*, com seu indispensável turbante, parecia ignorar todas as regras de segurança de trânsito enquanto dirigia pela estrada cheia de curvas que cruzava a floresta.

Implorei a Tom para convencer o motorista a ser mais prudente. "Será um milagre se chegarmos inteiros", eu gritava.

"Não era isso que procurávamos?", respondeu ele, rindo. Eu me juntara a dois parapsicólogos para passar um mês no Himalaia enquanto eles pesquisavam fenômenos físicos e psíquicos que pudessem ser reproduzidos sob condições cientificamente controladas. Tom Slick, um próspero negociante de petróleo, havia criado a Fundação da Ciência da Mente em San Antonio, no estado americano do Texas. Ranjit Ganguli era seu assistente nessa viagem.

"Duvido que seu destino seja morrer em Hardwar, o segundo local mais sagrado da Índia", disse Tom.

"E se o destino do *motorista* for morrer nesse local sagrado?"

Havíamos sido informados de que um iogue de habilidades extraordinárias vivia no alto de um templo em Hardwar. Nossa missão naquele dia era encontrá-lo. Eu, porém, estava cética, pois as indicações do paradeiro do tal homem eram muito vagas.

Chegamos finalmente ao topo da escada que conduz ao Ganges, o rio sagrado da Índia. Templos de desbotadas pedras brancas de todas as formas e tamanhos se alinhavam nas margens, onde os cadáveres, envoltos em tecidos brancos, jaziam à espera da cremação nas piras. Os indianos jamais enterram seus mortos, pois acreditam que o fogo purifica e liberta a alma para sua viagem através da eternidade. Os únicos cemitérios existentes na Índia são, portanto, destinados aos cristãos e às pessoas de outras religiões.

Depois de pedir muitas informações, Ranjit nos levou ao "domicílio" do iogue. Após enfrentar uma escalada temerária e apavorante para subir a escadaria que levava ao topo do templo, encontramos um homem pálido e magro que trajava apenas uma tanga de tecido grosseiro em torno de sua esquálida figura. Não havia nada ali, nem um toldo ao menos, para protegê-lo do sol escaldante. Eu estava agradecida por ter levado um chapéu de abas largas que cobria meus cabelos loiros e sombreava meu rosto.

O iogue olhou para nós, dois estrangeiros desbotados, com desdém. Ranjit se apressou a explicar: "Minha referência à ciência o irritou. Ele diz que os cientistas destruirão o mundo, que os homens precisam aprender a controlar a si mesmos antes de pretender controlar o universo".

Ranjit continuou a falar, e finalmente o iogue se voltou e examinou os olhos de Tom, que tinham uma cor cinzenta um pouco mística. Evidentemente aprovou o que viu, pois de súbito pediu para Ranjit trazer-lhe um copo de água do rio. Ele queria demonstrar sua capacidade de controlar a natureza. Para obter o título de iogue, era preciso comprovar esse poder.

Ranjit voltou logo, ofegante devido à longa subida pelas escadas do templo. Passou o copo ao iogue, que pediu, fazendo o assistente de Tom de intérprete, para cada um de nós colocar um dedo em seu interior e verificar que de fato estava cheio de água. Assim fizemos, e em seguida ele acenou indicando que Tom devia deixar sua câmera de lado.

Enquanto observávamos em silêncio, o iogue segurou o copo e começou a cantar em sânscrito. Moveu depois o copo em nossa direção e nos convidou a pôr novamente o dedo dentro dele. *A água se transformara em gelo!* Nós não podíamos acreditar, ficamos atônitos.

O homem estava praticamente nu, não dispunha de mangas nem de bolsos, o dia era muito quente e certamente não tínhamos sido hipnotizados.

O iogue disse a Ranjit: "A água é composta de muitas moléculas de hidrogênio e de oxigênio. O gelo também. Tudo o que fiz foi mudar as características da água alterando o ritmo de vibração das moléculas. Agora vão embora e aprendam a unir-se com Deus".

Mais tarde, outra vez no táxi barulhento, comentamos o que víramos e concluímos que não existe explicação científica para o fenômeno que presenciamos. Tom era um cientista experiente e eu me formara em Química e outras ciências na Universidade Stanford. Nossa orientação era exclusivamente científica.

"O homem com certeza mereceu seu título se teve capacidade para realizar uma proeza como aquela!", comentou Tom. "Que pena não ter podido registrar tudo com minha câmera."

"Alguém sempre diria que você forjou a cena", eu o consolei. Sabia, no entanto, que nós havíamos testemunhado o impossível. Estávamos aprendendo, lentamente, que na Índia não se pode esperar nada que seja comum.

2. UM PEQUENO MILAGRE

Barbara Tse Tyler

Meus pais vieram para a América como imigrantes em 1961: meu pai da China e minha mãe da Alemanha. Ambos se conheceram na Inglaterra e se casaram após a chegada de mamãe aos Estados Unidos. Os dois atravessaram as guerras deflagradas na primeira metade do século XX, e isso os afetou de muitas formas — ainda que estivessem a milhares de quilômetros de distância de sua terra natal. Vieram para este país trazendo os mesmos sonhos acalentados por tantos outros jovens. Queriam recomeçar a vida, e quando partiram de suas casas, deixaram também para trás suas religiões. Creio que meus pais esperavam que os filhos encontrassem o próprio caminho para Deus, mas meus irmãos e eu nunca conseguimos isso. A religião não era uma questão de realce em casa durante nosso período de crescimento.

Depois de passar três anos no Corpo de Fuzileiros Navais, de me casar muito cedo, de ter quatro filhos e de lutar durante anos para conquistar a felicidade pessoal, eu finalmente encontrei a paz interior. Mas sempre senti curiosidade e confusão sobre o que existe lá fora no universo, seja Deus, seja outra forma de poder mais elevado. No fundo, sempre acreditei que estamos sós neste planeta e que os reveses são aleatórios, embora destruam a vida das pessoas. Minha crença era de que todos nós temos de nos esforçar ao máximo para sermos bons, honestos e cultivar atitudes positivas. Confiei sempre muito em minha força de caráter, e ela de fato me ajudou a superar até os tempos mais difíceis, mas uma tristeza profunda causada pela solidão que eu sentia era minha companheira constante.

Fui abençoada com uma família maravilhosa e os melhores amigos que alguém poderia desejar, mas me faltava a segurança trazida pela fé. Julgava não ter o direito de rezar porque eu só recorria às orações quando alguma coisa terrível acontecia. Mas, felizmente, uma nova luz jorrou sobre meus pensamentos. Há pouco tempo, conversando com meu marido, Ron, contei-lhe meu desejo de rezar, o que não me parecia natural, e também comentei como me considerava errada por fazer isso apenas quando havia algum problema.

Ron fora criado no catolicismo, mas com o tempo distanciou-se da igreja. Ele me revelou, porém, crer que Deus está em toda parte. "Ele está em seu coração e em seus pensamentos", disse, e acrescentou que não acreditava na necessidade de rezar para ser ouvido por Deus. Segundo Ron, eu deveria orar quando e como preferisse.

Devo admitir que nos dias subseqüentes não pensei muito nessa conversa, pelo menos não até ser convidada para jantar na casa de minha amiga Judy. Ela, nossa amiga Cathy e eu tivemos uma estranha conversa com a mãe de Judy, que se chamava Marietta. Ela falou dos presentes que recebemos do universo. Confesso que a julguei um pouco desequilibrada ao ouvir suas idéias sobre as coisas que acontecem com as pessoas abertas e preparadas para recebê-las. Marietta nos contou então alguns dos fatos ocorridos com ela que justificavam sua crença de não estar sozinha sobre a face da Terra. Evidentemente, não levei a sério o que ela disse.

No dia seguinte, entretanto, algo estranho, profundo e poderoso aconteceu comigo. Kayla, minha filha de 3 anos, e eu estávamos, como em todas as manhãs, sentadas à mesa da cozinha após a saída das crianças mais velhas para a escola. Enquanto eu lia o jornal, a menina brincava, feliz, com seu joguinho de letras. Depois de alguns minutos, ela juntou um grupo de letras e me perguntou de repente: "O que isso quer dizer, mamãe?" Levantei os olhos, certa de que não veria nada parecido com uma palavra que tivesse sentido, mas, para minha surpresa, o termo *oração* estava formado sobre a mesa.

Fiquei chocada e incrédula. Pensei, a princípio, em acaso ou coincidência, mas, quanto mais eu tentava esquecer o assunto, mais ele tomava conta de minha mente. Como seria possível que uma criança incapaz de ler e de escrever juntasse aquelas letras da maneira correta — e por mero acaso? Talvez a probabilidade de ganhar na loteria fosse maior, pensei. Seria aquela palavra um presente de Deus? Seria essa uma demonstração de que Ele quer que eu reze e o sinta perto de mim?

Minha visão de vida mudou inteiramente. Hoje aceito de todo o coração a idéia de que minha família e eu não estamos sós neste mundo. Essa convicção é uma dádiva que agora poderei passar a meus filhos, uma dádiva de fé. Sempre me preocupei muito com a melhor maneira de educar minhas crianças, pois eu sabia que a ausência de fé em algum poder maior significava que estava perdendo um aspecto essencial da vida. Não podia, porém, ensinar a meus filhos uma crença que eu mesma não tinha. Lutei bastante com essa questão, mas agora encontrei a resposta.

Tentei esquecer o incidente das letras que formaram a palavra *oração*, mas isso não saía de minha mente. Hoje em dia, porém, eu sinto a presença de Deus. Fiz minha escolha: acreditar Nele e na idéia de que uma força sublime está em tudo e em todos. Tomei a decisão de dividir essa crença com meus filhos, pois meu ser está cheio de gratidão. Sinto-me grata pelo milagre que aconteceu comigo e com minha filha em nossa cozinha — em um dia comum, como outro qualquer.

3. O VÔO

Scott F. Chesney

No dia 28 de dezembro de 1985, minha vida mudou no sentido físico e, como conseqüência, minha jornada espiritual teve início. Aos 15 anos, uma disfunção arterial muito rara deixou-me paralisado da cintura para baixo. Como todos os garotos dessa idade, eu apenas começava a tomar consciência de meu corpo, observando suas mudanças, julgando sua qualidade e esperando pelo melhor nesse primeiro estágio da condição masculina.

E então, quando acordei naquela manhã, três dias depois do Natal, fui saudado por um pé esquerdo entorpecido. A sensação era semelhante à de um pé dormente, como se muitas agulhas o picassem. Em 48 horas, aquele entorpecimento já afetara minhas duas pernas e me paralisara, como se a metade inferior do corpo tivesse deixado de me pertencer.

Durante essa fase, em plena adolescência, nunca fui capaz de entender a frase filosófica que diz: "Somos muito mais que nosso corpo físico". Embora o coração e a mente estivessem em plena atividade, minha comunicação com as pernas fora rompida. Meus sonhos de jogar basquete na faculdade, de correr ao longo da praia e provavelmente de tornar-me pai estavam agora fora de cogitação. Tudo isso porque eu acreditava ser apenas o que meu corpo era. Que tremendo engano!

Em março de 1997, empreendi uma viagem ao redor do mundo para pesquisar formas alternativas de medicina relacionadas à paralisia. Essa jornada levou-me a dezesseis países, e pude conhecer mestres incríveis, como Deepak Chopra, Tony Robbins, Stuart Wilde, Wayne Dyer e Leonard Laskow. Cada uma dessas pessoas, além de muitos outros anjos, ajudou-me a compreender que sou, na verdade, bem mais que apenas um corpo físico. Tony Robbins orientou-me quando caminhei com as mãos através de uma trilha cheia de pedaços de carvão incandescentes.

Esse foi decerto um exemplo de domínio mental sobre a matéria! Foi também a primeira vez em que me deixei verdadeiramente tomar pelo medo e aceitei todas as suas incertezas. Eu sabia, na ocasião, que essa seria só a primeira entre muitas outras experiências mágicas que ainda estavam por vir.

Um ano após o início oficial de minha viagem, voltei a Goa, bela região da costa ocidental da Índia, onde Deepak Chopra conduzia o seminário "A Sedução do Espírito". Eu já participara desse evento no ano anterior, mas senti que deveria estar lá mais uma vez. Na primeira participação, tive necessidade de passar pela experiência de "lutar comigo mesmo". Agora estava ansioso para colher os benefícios disso voltando ao curso, e isso fez toda a diferença.

Durante esse seminário, cerca de quatro horas diárias eram dedicadas à meditação com sons elementares. Alguns dos presentes, assim como eu, já haviam estado lá no ano anterior, por isso Deepak achou conveniente separar-nos dos demais e ensinar-nos algumas técnicas de meditação mais avançadas. Isso aumentaria nossas chances de levitar. Sim, isso mesmo, levitar!

Ao longo do seminário, no dia 6 de março de 1998, estava sentado no chão, segundo o estilo indiano, meditando com meus companheiros de grupo e repetindo mentalmente meu *mantra* e meus *sutras*, quando a magia começou. Nos primeiros quinze minutos daquela meditação de uma hora, senti uma tristeza quase insuportável. Lágrimas transbordavam de meus olhos e corriam pela face. Dez minutos depois, as lágrimas de tristeza transformaram-se em lágrimas de alegria, e uma energia renovadora envolveu e penetrou meu corpo.

Em vez de explorar o sentido de todas aquelas emoções, eu simplesmente as aceitei e me rendi a elas. Soube então que tudo estava bem. Meu corpo, entretanto, começou subitamente a tremer. Naquele instante, não apenas perdi o contato com ele como também fui tomado pela mais intensa sensação de desamparo que já experimentara em minha vida.

No auge dessa condição, um solavanco, que parecia lançar-se do subsolo diretamente sobre meu cóccix, ergueu-me do chão até uma altura de cerca de doze centímetros, e em seguida me fez descer ao ponto exato onde eu estava antes. Deepak, que tudo observava, contou-me mais tarde o que aconteceu. Alguns minutos depois da primeira levitação, o mesmo impulso tomou conta de mim novamente, mas dessa vez desci à distância de trinta centímetros do ponto anterior. Eu nunca sentira com tanta força a presença do Espírito. Mas, logo após esse momento de rara intensidade, um estado de extrema paz e serenidade envolveu meu corpo físico e meu corpo emocional.

No encerramento da meditação, Deepak pediu-me para compartilhar minha experiência com os demais participantes do grupo, que se mostraram bastante abalados com o fenômeno. Ele também nos disse que há três estágios de levitação: o soerguimento, que eu acabara de vivenciar, a flutuação e o vôo. Muitos companheiros me abordaram mais tarde para agradecer meu relato, pois pensavam que o impulso de levitação se fazia sentir nas pernas.

Tornei-me uma pessoa de fé e estou convicto, sem a menor sombra de dúvida, de que nós somos muito maiores que nosso corpo físico. Sei também que tudo é possível: sou paralítico e, no entanto, eu levitei! Estou decidido a alcançar todos os estágios da levitação e, quando o Espírito assim determinar, espero voltar a andar muito em breve!

4. MEU NOVO NOME MÁGICO

Arielle Ford

Até onde me é possível lembrar, sempre quis um nome diferente. Recebi o nome de Linda, e me parecia que todas as meninas de minha geração também se chamavam assim. Eu, na verdade, nunca me ajustei a esse nome, não me sentia Linda. Acreditava merecer um nome muito mais exótico.

Durante algum tempo, enquanto cursava a escola de ensino fundamental, adotei o nome de Morgana, que nunca foi aceito. Quando freqüentei um curso intensivo em Londres, meus colegas de classe me apelidaram de Sri Hata, por causa de meu restaurante indiano favorito, e me chamavam de senhorita Sri. Ao voltar para a Universidade da Flórida, porém, tornei-me de novo Linda Ford. Eu era, de fato, uma das *onze* Lindas matriculadas na faculdade!

Ao nascer, fui batizada de Linda Barbara Fishbein. Quando completei 6 meses de idade, meus pais, por uma série de razões, mudaram nosso sobrenome para Ford. Assim, Linda Barbara Ford foi meu nome durante quase quarenta anos. No dia 12 de setembro de 1994, no entanto, tive uma revelação. Eu assistia a uma palestra de Marlo Morgan sobre um livro de sua autoria no qual ela relatava que os aborígines australianos davam um nome de batismo a seus bebês, mas, quando as crianças atingiam a idade de 4 anos, podiam escolher outro nome. Se essa mudança não fosse satisfatória, elas tinham o direito de trocar de nome à vontade ao longo da vida. Dessa forma, era possível manter sempre um nome adequado à pessoa que cada indivíduo sentia ser. Naquele instante, sentada na platéia, eu simplesmente *soube* que chegara a hora de encontrar um novo nome.

Enquanto pensava nos vários nomes à minha escolha, percebi que "Sydney" me atraía de forma especial. Parecia-me sofisticado e *sexy*. Telefonei para minha irmã a fim de saber sua opinião, mas ela disse apenas: "Ai! Nunca serei capaz de chamar você de Sydney, pois esse nome me faz lembrar um garoto horroroso que sempre me torturava nos tempos do jardim-de-infância!"

A opção seguinte foi Zoe — tão simples e exótico, eu pensei. Minha irmã, porém, não achou Zoe muito melhor do que Sydney. Ela sugeriu então que envolvêssemos a família toda na escolha do novo nome. Argumentou que seria muito mais fácil para cada um adaptar-se a um nome selecionado e aceito em conjunto.

Assim, combinamos um encontro dos familiares em San Diego na semana seguinte. Eles viriam da Flórida, de Nova York e do Texas. Reunidos todos, finalmente, na mesma sala, anunciei minha intenção de trocar de nome e pedi sua ajuda. Mencionei Sydney outra vez, mas a reação deles foi parecida com a de minha irmã. Experimentei Zoe, e meu pai respondeu que não havia a menor possibilidade de aceitar esse nome para uma filha sua. Minha madrasta então sugeriu: "Que tal Ariel, como a personagem do conto *A Pequena Sereia*? Você adora nadar com os golfinhos e brincar debaixo d'água!"

Passamos mais de uma hora discutindo os prós e contras do nome Ariel. Gostei dele, mas não me agradava muito a idéia de adotar o nome de uma personagem de desenho animado. Comecei a ficar cansada de ser o centro das atenções e quis encerrar o debate. Tive uma idéia. Sobre meu colo estava um livro chamado *20.001 Nomes de Bebês*. Anunciei a todos que fecharia os olhos, abriria o livro e apontaria um nome ao acaso. Qualquer que fosse, eu o aceitaria.

E assim fiz: fechei os olhos, abri o livro e rapidamente apontei um dos nomes. Reabri os olhos logo em seguida e, antes que eu pudesse atinar com o que acontecera, minha irmã gritou: "Não posso acreditar! Entre 20.001 nomes, ela acaba de apontar para Ariel!"

Não havia dúvida: meu dedo indicador direito estava apoiado no centro do verbete que descrevia o significado do nome "Ariel". Esse fato incrível resolveu a questão para todos os meus parentes — meu novo nome tinha de ser Ariel.

Alguns dias mais tarde, quando todo aquele entusiasmo se acalmou, decidi telefonar para uma amiga que estudara numerologia. Disse-lhe o que desejava: meu novo nome deveria ter como soma o número seis, e para isso seria preciso mudar o nome do meio. Certa ocasião, um estudioso de numerologia me disse que "Linda Barbara Ford" possuía uma combinação muito poderosa de números, como ele nunca vira. Mas eu preferia o número seis, porque ele simboliza o amor e a intimidade. Não tinha nenhum interesse em excesso de poder, que talvez fosse ótimo para minha carreira, mas não me ajudava muito no aspecto sentimental.

Fizemos algumas tentativas de soletrar o novo nome de várias maneiras. Quando chegamos à forma "Arielle" em vez de "Ariel" e acrescentamos o sobrenome Ford, conseguimos o número seis. Tão fácil e perfeito! Teria finalmente um nome adequado para mim cuja vibração correspondia, em numerologia, ao sentido que eu buscava. Poucos dias depois, fiz mais uma descoberta: "Linda Barbara Fishbein" também resultava no número seis. Mesmo sem ter consciência disso, eu retornara à vibração de meu nome original.

Muitas pessoas me perguntam que mudanças ocorreram em minha vida depois que legalizei meu novo nome. Respondo simplesmente que *tudo* mudou. Minha irmã reclama do fato de que, após a troca de nome, meu senso de humor se desenvolveu tanto que sou, quase sempre, bem mais espirituosa que ela. Meu salário quase triplicou em poucos meses. E encontrei, enfim, minha alma gêmea. Nós nos casamos no ano passado. A propósito, não adotei o sobrenome dele — já basta desse tipo de mudança em minha vida!

5. ENCONTRO COM O DALAI LAMA

Bruce Fields

As experiências místicas nos chegam algumas vezes de forma totalmente repentina e inesperada, deixando em nós uma sensação atemporal de alegria.

Em agosto de 1993, eu estava em Chicago participando do Fórum das Religiões Mundiais, um encontro ecumênico cuja última edição ocorrera exatamente 100 anos antes. Na condição de fotógrafo credenciado, tinha acesso a alguns eventos de caráter privado, como o encontro do Dalai Lama com a imprensa antes do início das conferências.

A sala estava repleta de energia nervosa, pois mais de 100 jornalistas e fotógrafos se acotovelavam em busca do melhor lugar antes da entrada do líder espiritual. Uma falange de monges envoltos em mantos alaranjados entrou de repente, e eles mais pareciam guarda-costas do que clérigos. Em poucos instantes, rodearam a multidão. O Dalai Lama entrou logo atrás deles, recebido por uma entusiástica salva de palmas. Fez um breve discurso e respondeu a algumas perguntas, depois agradeceu e nos abençoou.

A saída do santo homem foi quase um espetáculo coreográfico. A comitiva de monges formou uma espécie de cunha em torno dele, como um enorme V, protegendo-o do contato com a multidão de repórteres, fotógrafos e organizadores que o cercavam, excitados como alunos que saem para a primeira excursão escolar de sua vida. Eu havia encontrado um bom lugar junto da porta de saída e ali aguardava sua passagem, sempre rodeado pela multidão de jornalistas que continuavam a fotografá-lo ou a disparar perguntas em sua direção.

A emoção tomava conta de todos enquanto o Dalai Lama, isolado de nós por sua escolta protetora, movia-se lentamente através do recinto. Os *flashes* eram lançados, as pessoas acenavam, e eu me vi incapaz de tirar uma única foto. Pelo contrário, apenas olhava fixamente para ele e sorria, sorria do fundo da alma, como qualquer outra pessoa.

Naquele momento percebi que ele também me olhava fixamente e sorria para mim. Sem querer, ergui meu braço. Ele se aproximou devagar, e seu braço também se ergueu até que nossas mãos se estreitaram, por um breve instante, numa saudação cordial. E ele foi embora.

Fui envolvido por um assomo de grande alegria e me senti abençoado por aquele momento de unidade universal. O brilho da luz interior do Dalai Lama e de nosso reconhecimento mútuo permanece comigo até hoje.

6. GOTAS DE LUZ

Peggy Carter

Em 1972, meu marido e eu visitamos Sathya Sai Baba em Bangalore, na Índia.

Certo dia Baba observou os longos brincos que eu usava e disse: "Tão pesados". Retirei um dos brincos e o entreguei a ele. Fingindo surpresa, corrigiu-se, sorridente: "Não pesado — leve".

Alguns dias depois, eu estava sentada ao lado de Baba. Ele estendeu o braço até tocar um anel que eu usava e perguntou: "O que é isso?"

Eu expliquei: "Uma ágata australiana".

Baba dirigiu-se a duas outras pessoas presentes e materializou para elas algumas peças de joalheria. Achei que todas eram feias. Naquela noite comentei com meu marido: "Espero que ele não me dê nenhum presente, pois eu teria de gostar dele e usá-lo".

Nossa visita chegava ao fim, e Baba nos pediu para comparecer a uma entrevista particular com mais seis pessoas. Sentei-me no chão. Ele falou com cada um de nós. Quando chegou perto de mim, seus olhos brilharam. Baba perguntou-me: "O que deseja?"

Minha resposta me surpreendeu porque eu nem sequer pensara no assunto até aquele momento: "Quero que meus dois outros filhos venham até você". Landon, o mais velho, estudara com Baba durante oito meses, e ele sabia que eu esperava que todos os meus filhos encontrassem seu caminho para Deus.

Baba estendeu a mão e a moveu um pouco, fazendo aparecer um lindo colar composto de nove ágatas de cores diferentes. Cinco cores representavam os *chakras*, e as outras quatro simbolizavam os elementos da natureza. Ele colocou o colar em meu pescoço e nunca mais deixei de usá-lo. Acredito que as ágatas são abençoadas e, portanto, trazem bênçãos a quem quer que as possua.

Dois anos se passaram, e certa noite o colar se rompeu quando me virei na cama. Recolhi cuidadosamente as peças soltas para não perder nenhuma, mas, depois de consertado, o colar estava mais curto. Aquilo me intrigou, mas a vida seguiu seu curso e eu, mais uma vez, nunca o tirava do pescoço.

Outro ano se passou, e o colar se rompeu novamente quando me curvei para apanhar um objeto no assento traseiro de meu carro. Recolhi mais uma vez todas as peças e mandei reparar o colar, que voltou ainda mais curto. Não pude deixar de pensar: "Se ele se romper de novo, vai ficar tão curto que poderá sufocar-me".

Na terceira vez em que o colar se rompeu, eu estava cavalgando e havia me esquecido de prender a blusa no cós das calças. Quando voltei para casa, achei seis peças dentro do sutiã. Pensei que fosse passar a noite toda chorando, mas isso não aconteceu. Perto das 5 horas da manhã, acordei e recebi uma mensagem de Baba: "Chegou a hora de fazer brilhar sua luz própria. As ágatas faziam isso por você". Quando a mensagem terminou, fiquei deitada pensando em todas as pessoas que aquelas pedras luminosas já haviam ajudado.

Tempos depois, durante uma festa, uma das convidadas não tirava os olhos de meu colar. Aproximou-se e, sem se apresentar e sem sequer olhar para mim, disse: "Fale-me sobre essas pedras". Fiquei surpresa, mas concordei. Nós nos afastamos do burburinho da festa para conversar. Ela estava triste e precisava de minha ajuda. As pedras a conduziram para mim.

Outra pessoa atraída pelas pedras foi uma costureira que eu não conhecia. Falou-me sobre uma experiência de quase-morte que tivera e não contara nem mesmo ao marido porque temia que ele a julgasse louca. Fui uma boa ouvinte para essa nova amiga.

Agora restavam apenas seis ágatas — mas não por muito tempo.

Durante uma reunião oferecida por minha amiga cabeleireira, Laverne, também discípula de Baba, este se apresentou com outra mensagem: "Dê a ágata branca a Laverne, para que faça parte de sua caixa de medicamentos". Minha amiga ficou muito grata por esse presente.

Pouco tempo depois, dei a ágata cinzenta ao cacique da tribo Mohawk, pois acredito que haverá paz no mundo quando os brancos aprenderem a respeitar a cultura dos povos nativos.

Em uma viagem que fiz ao Arizona, Baba me disse, durante uma visão, que eu deveria dar uma das pedras restantes para uma tribo local, com a finalidade de fomentar a união entre os povos índios. Fui até a reserva para entregá-la, mas creio que escolhi o momento errado, pois não consegui entregar a ágata e ainda a tenho comigo.

Uma amiga dos tempos de escola estava com câncer, e assim eu lhe dei a pedra verde para ajudá-la a curar-se. Ela viveu sem ter necessidade de medicamentos por mais quatro anos. Creio que a energia daquela ágata manteve sua força.

Finalmente, durante uma viagem que fiz ao Havaí, eu nadava com os golfinhos quando recebi a orientação de lançar a pedra negra no oceano, no ponto onde havia um redemoinho. Os golfinhos freqüentam esse local. Assim fiz e, durante a viagem de volta, um livro que peguei para ler informava que a obsidiana, um tipo de ágata negra, era a pedra ideal daquelas ilhas. Coincidência? Não. Baba conhece tudo.

Ainda me restam duas pedras. Uma delas pertence à tribo do Arizona, mas a outra — quem sabe? Posso dizer apenas que as demais se tornaram bênçãos para as pessoas cuja vida foi iluminada por elas.

IV

A MAGIA DO AMOR

1. A DESCOBERTA DA ALMA GÊMEA

Arielle Ford

"Amma", murmurei ao ouvido da Divina Mãe, "por favor, liberte meu coração de tudo o que possa impedir-me de encontrar minha alma gêmea."

Senti que seus braços me estreitavam ainda mais enquanto ela ria alto de minha súplica e dizia: "Oh, minha querida, minha querida". Em seguida, quando dei um passo atrás para ceder a vez ao próximo da fila que aguardava sua bênção, notei que ela deixou alguma coisa na palma de minha mão direita. Ao me afastar, já abençoada pelo abraço de Ammachi, examinei o objeto que ela me dera. Em minha mão havia um bombom e algumas belas pétalas de flor.

Já era tarde, quase meia-noite. Assim, comi o bombom, guardei as pétalas com muito carinho e fui para a cama. Tive um sonho naquela noite, e nele havia muita gente cantando para mim: "Arielle é a mulher que vem depois de Beth".

Ao acordar, pensei que o sonho indicava que meu companheiro ideal logo surgiria, mas ainda mantinha então um relacionamento com uma mulher chamada Beth.

Anos antes, eu lera que Ammachi era um ser iluminado cujo toque podia curar. Os autores da reportagem publicada na revista que me caíra nas mãos haviam testemunhado a cena: ela beijara as chagas de uma criança leprosa, que se fecharam instantaneamente. Ammachi tem o costume quase diário de oferecer *darshan*, ou bênçãos, a milhares de pessoas. Ela abraça cada um que a procura como se fosse a criatura mais especial do mundo, e por um momento isso se torna verdade.

Eu reservei um fim de semana para passar junto de Ammachi. Esses dois dias consistiam no recebimento de *darshan*, o que significava esperar em fila mais de cinco horas de cada vez cantando hinos e ouvindo palestras especiais feitas por sua *swami*, uma espécie de assistente. Michael, um amigo meu, vivera por três anos em sua comunidade, na Índia, e me contara que eu poderia fazer um pedido ao ouvido de Ammachi enquanto recebia seu abraço. Assim, com antecedência, eu planejara exatamente o que queria pedir.

Naquele sábado, dia 22 de junho, esperei durante muitas horas na fila por minha vez de receber a bênção de Ammachi. Quando ela me abraçou, pedi que me enviasse minha alma gêmea. Desejei que ele fosse alegre, saudável, espiritualizado, alto, bonito e divertido, e que estivesse *procurando por mim*. Ammachi riu mais uma vez, mas me abraçou com tanto calor que tive certeza de que compreendera meu pedido.

Algumas semanas depois, fiz uma viagem de trabalho a Portland, a pedido de um de meus clientes, a fim de supervisionar uma entrevista com um escritor que seria transmitida pela TV. Telefonei ao escritório desse escritor para acertar os detalhes da viagem com seu sócio, Brian. Ele ficou de me buscar no aeroporto, deu-me instruções precisas sobre o local onde nos encontraríamos e descreveu sua aparência para que eu pudesse reconhecê-lo.

Ao desembarcar no aeroporto, dirigi-me ao local combinado do encontro e ouvi meu nome. Bem à minha frente estava um homem muito diferente da descrição que eu ouvira. Ele explicou que viera buscar-me no lugar de Brian. Senti um enorme desapontamento e me perguntei qual seria a causa disso. Eu falara muitas vezes com Brian, pelo telefone, no decorrer dos últimos meses, mas eram contatos apenas profissionais. Nunca nos encontráramos pessoalmente, e eu não pensava nele depois de encerradas essas conversas. Agora, no entanto, estava muito desapontada com aquela mudança de planos.

Segui o homem, Gary, pelo aeroporto, e ele me conduziu ao local exato em que eu deveria encontrar Brian. Quando percebi que o rapaz que estava ali, à minha espera, era Brian, senti uma felicidade enorme. Ele era alto, muito bonito e parecia emocionado por me conhecer. Tive a intuição de que algo especial aconteceria.

Nós nos reunimos na manhã seguinte para a entrevista de TV. A equipe instalou o equipamento necessário na casa do escritor. Brian e eu nos sentamos no fundo da sala. Com exceção da área coberta pelas fortes lâmpadas que iluminavam o entrevistado, que falava sobre seu livro mais recente, o ambiente ficou na penumbra. Eu senti um impulso quase irresistível de tocar Brian e pensei que fosse enlouquecer. Como o impulso não esfriava, tratei de controlar-me para não criar uma situação constrangedora. Uma voz interior disse-me então: "Esse é o homem certo, com o qual você vai passar o resto de sua vida". Mais uma vez, julguei estar ficando louca: eu mal o conhecia. Além disso, ele provavelmente era casado. A voz, no entanto, insistia: "É assim que será".

Quando a entrevista acabou, todos nos dirigimos à saída. Brian, que caminhava ao meu lado, disse: "Sabe, eu ando sonhando com você". Não tive presença de espírito suficiente para perguntar de que tipo eram esses sonhos. Naquela altura, eu queria apenas beijá-lo e saber quem era Beth. Não ousei fazer nem uma coisa nem outra.

Um instante depois, o escritor se aproximou de nós e disse: "Vamos levar Arielle para jantar hoje à noite antes que ela tome o avião de volta. Por que não liga para Elizabeth e a convida também?"

Embora Brian não usasse nenhuma aliança, imaginei que Elizabeth fosse sua esposa. "Será que a Beth do sonho que tive e essa Elizabeth são a mesma pessoa? Quem sabe?", pensei.

O trabalho nos tomou todo o dia, mas isso não me incomodou nem um pouco. Estava adorando a oportunidade de observar de perto aquele homem tão atraente. Senti que havia uma espécie de eletricidade entre nós e me perguntei se Brian também percebera isso. No final da tarde, Elizabeth chegou. Ao vê-los juntos, tive a impressão de que eram como amigos ou irmãos. Embora sem provas que me dessem a certeza disso, soube que não havia mais nenhum vínculo romântico entre eles.

Fomos a um restaurante para jantar. Brian pretendia levar-me em seguida ao aeroporto, pois meu vôo sairia às sete horas. Já passava das seis, entretanto, e nosso jantar ainda não fora servido. Se não corrêssemos, eu obviamente perderia o avião. Brian pediu então que embalassem meu prato para viagem e voamos para o carro. Durante o percurso, ambos comemos, às pressas, aquele jantar.

Eu me senti tão à vontade na companhia de Brian que fiquei admirada com as coisas que lhe contei. Disse-lhe, por exemplo, que estava à procura de minha alma gêmea, do companheiro ideal. Ao ouvir isso, ele quase deixou o carro sair da estrada. No aeroporto, despediu-se de mim com um abraço.

Brian e o escritor teriam de passar por San Diego, minha cidade natal, em uma viagem promocional de lançamento do livro. Eu, porém, me matriculara em um curso especial de Stanford que seria ministrado justamente na ocasião em que eles estariam em San Diego. Telefonei para a universidade, na tentativa de confirmar a data, e fiquei sabendo, para meu grande alívio, que a matrícula não fora registrada. Creio que os anjos trabalharam bem para favorecer um novo encontro entre nós.

Durante os dias seguintes, Brian e eu conversamos muito por telefone. Eu me sentia como se nos conhecêssemos desde sempre. Certa noite falou-me dos sonhos que tivera comigo antes de me encontrar pela primeira vez. Os sonhos eram cheios de detalhes e de intimidade, e ele podia ver-me com toda a clareza. Por essa razão, ficou estarrecido, no aeroporto de Portland, ao reconhecer em mim a mulher presente em seus sonhos.

Brian e o escritor chegaram a San Diego para uma rápida passagem de apenas 24 horas. Saímos todos para almoçar e visitar várias livrarias da cidade.

Naquela noite, o autor deu uma palestra. Brian e eu nos sentamos no fundo da sala. Em vez de acompanhar tranqüilamente suas palavras, nós nos mantivemos ocupados passando bilhetes um ao outro, como dois colegiais. O conteúdo desses bilhetes, porém, era muito mais profundo. Brian, que tivera acesso a uma antiga corrente de conhecimento espiritual, contou-me estar escrevendo uma história incrível sobre nossas vidas anteriores, sobre as razões por que escolhemos voltar, juntos, à vida atual e sobre algumas coisas que ainda faríamos. Afirmou também que voltamos para apoiar e incentivar um ao outro e compartilhar um amor magnífico que fora divinamente orquestrado. É desnecessário dizer que quase desmaiei de felicidade.

Depois dos dezessete bilhetes que trocamos, a palestra terminou e era hora de partir. Brian e eu combinamos um novo encontro o mais breve possível, mas sabíamos que, nos dias subseqüentes, conversaríamos muito por telefone contando um ao outro tudo o que fizéramos até então na vida.

Não me lembro da primeira vez em que falamos em casamento, pois já sabíamos, desde o início, que essa seria uma conseqüência inevitável. Finalmente, anunciamos a todos que nos casaríamos no verão seguinte. Em novembro, pouco antes do Dia de Ação de Graças, fizemos uma visita a Ammachi, que estava em seu *ashram* de San Ramón, na Califórnia. Quando chegou nossa vez de receber *darshan*, demos a ela um bilhete para contar-lhe que sua força nos unira e estávamos noivos. Ammachi se mostrou feliz como nunca, deu-nos sua bênção, seu abraço e riu conosco.

Combinamos com nossos familiares e amigos uma viagem a Bali, em junho, para que o sumo sacerdote da ilha realizasse o casamento. Mas logo ficou evidente que isso não seria possível devido aos problemas que agitavam a Indonésia na ocasião. Brian, porém, acreditava que o universo tinha outros planos, mais grandiosos, para o nosso enlace.

Felizmente para nós, Ammachi voltaria para a Califórnia em junho. Sabíamos que ela realizava cerimônias de casamento e não deixaria de nos dar uma bênção especial. Seguimos, assim, para San Ramón e lhe fizemos esse pedido. Para nossa grande alegria, ela concordou com entusiasmo!

Os casamentos feitos por Ammachi se realizam no final da *Devi Bhava*, uma cerimônia extraordinária durante a qual ela atinge os mais altos estágios de consciência. Milhares de pessoas se congregam para receber suas bênçãos nesse ritual, e a atmosfera é festiva e carregada de cânticos espirituais. A próxima cerimônia de *Devi Bhava* teria lugar numa noite de domingo.

Assim, no alvorecer do dia 22 de junho, exatamente um ano após o meu pedido para que Ammachi me guiasse até minha alma gêmea, ela nos casou em uma cerimônia bela e fascinante. Mais de mil pessoas estavam presentes, inclusive meus pais e minha irmã, e pétalas de flores choviam sobre nós enquanto Ammachi conduzia os ritos da sagrada união e nos abençoava.

Brian e eu sabíamos que a graça de Ammachi nos unira. E, imersos no olhar um do outro durante toda a cerimônia, sabíamos também que ficaríamos juntos para sempre.

2. TINHA QUE SER VOCÊ

Brent BecVar

Há momentos na vida em que de fato é preciso parar e pensar: quem governa nosso destino, afinal? Quem é, na verdade, o autor da peça que representamos? Nunca deixo de me admirar quando recordo os detalhes da história que você está prestes a ler.

No verão de 1972, eu vivia na Califórnia, mas retornei ao estado de Kentucky para visitar a cidade onde cresci. Tinha então 22 anos de idade e me hospedei na casa de meus pais por uma semana. Eu vinha de uma fase agitada durante a qual viajara muito: Califórnia, Colorado e Havaí. Aqueles dias na casa paterna, em meio à paisagem familiar de minha cidade natal, tornaram-se, portanto, uma pausa renovadora e relaxante. Na véspera de partir, parei junto de um telefone público com a intenção de ligar para alguns amigos e me despedir deles.

Havia poucas moedas em meu bolso, por isso me dirigi a uma sorveteria próxima para arranjar troco. Encontrei lá dentro uma garota muito amigável e bonita que vestia um uniforme branco incrivelmente justo. Suas maneiras familiares e informais eram de uma naturalidade absoluta, e fiquei completamente absorto na conversa que iniciamos. Aos poucos, passamos a falar sobre detalhes de nossa vida pessoal e descobrimos algumas coincidências existentes entre ambas as famílias.

O tempo parecia ter deixado de existir enquanto trocávamos confidências até que, de repente, me dei conta de que 45 minutos haviam passado sem que percebêssemos. Fiquei um pouco constrangido por ter afastado a moça de seu trabalho e, embora a conversa estivesse deliciosa, achei melhor me despedir e sair.

Ao voltar para casa, completamente esquecido dos telefonemas que pretendia dar, percebi que sentiria falta daquela garota. Ela parecia bastante madura para seus tenros 16 anos. Tínhamos descoberto tantas afinidades e tantos interesses em comum que nossa conversa poderia ter continuado durante horas. Quando me lembrei de minha partida, no dia seguinte, senti uma profunda tristeza porque me afastaria daquela "moça tão familiar ao meu coração".

Oito anos se passaram. Após concluir o curso superior, comecei a trabalhar como administrador numa universidade do Alabama. No dia de meu trigésimo aniversário, dois de meus melhores amigos, ambos casados, convenceram-me, não sem dificuldade, a ir com eles a um baile típico irlandês em Fairhope. Eu andava muito solitário, de modo que meus amigos acharam oportuna a idéia de me distrair um pouco, principalmente em um dia tão importante quanto meu aniversário de 30 anos.

Apesar de minha relutância, ao entrar no salão fiquei pasmo diante da visão dos longos cabelos trançados de uma moça que estava de costas para a porta. Em seguida, numa atitude muito incomum para mim, aproximei-me dela e, antes mesmo de ver seu rosto, convidei-a para dançar.

Achei a jovem muito cativante e atraente, e alguma coisa em suas maneiras me fez acreditar que ela não era daquela região. Mais tarde, quando tivemos a chance de conversar, fiquei surpreso ao ouvi-la dizer, em resposta a minha pergunta, que vinha de Kentucky. Contei-lhe que também era de lá e quis saber o nome do local onde ela vivera. Quando a moça respondeu que morava em Louisville, perto de Prospect, eu pensei, não sei por quê, em uma bela casa de estilo colonial construída no topo de uma colina. Essa casa ficava na área mencionada e fazia parte de minhas lembranças da infância.

Perguntei-lhe em seguida se conhecia a região de Hills e Dales, onde se situava a casa colonial, e ela respondeu que sim, vivera naquelas vizinhanças. Quando por fim lhe perguntei se conhecera a família Hollenbach, pois sabia que essas pessoas haviam morado na casa em questão, ela me olhou, incrédula, e disse: "Meus pais compraram essa casa dos Hollenbach, foi lá que eu cresci!"

Por um momento, nem eu nem ela conseguimos falar. Tamanha coincidência parecia inacreditável e estranha. Meu coração batia desordenadamente. Eu não apenas achava aquela moça muito familiar como também conhecia o lugar onde ela crescera. Não era capaz de explicar o fato. Assim, por essa e por outras razões, sem mencionar a forte atração que sentimos um pelo outro, Leanne e eu logo começamos a namorar e mais tarde decidimos viver juntos.

Um ano e muitas experiências interessantes depois, recebi uma oferta de trabalho em Austin, no Texas, que aceitei. Leanne e eu decidimos nos separar temporariamente até que me estabelecesse na nova cidade. Um mês depois, ela foi me visitar. Peguei-a no aeroporto de Dallas e voltamos para Austin à noite, sob o estrelado céu texano. A conversa girava em torno de antigos empregos que tivéramos, e Leanne começou a falar do tempo em que trabalhara numa sorveteria de Louisville chamada Don's. De repente, com um lampejo de memória, emoção e surpresa, estacionei o carro no acostamento e olhei, atônito, para ela. "Você era aquela garota!", disse. "A garota da sorveteria na qual entrei para arranjar troco, tantos anos atrás! Agora me lembro, era você!"

A lembrança da cena ocorrida nove anos antes também voltou à memória de Leanne, e ela murmurou: "Sim, é verdade... Você era aquele rapaz mais velho e atraente que entrou. Eu me lembro de ter gostado de você". Ficamos ali por muito tempo pensando no que ocorrera e imaginando por que demoramos tanto a recordar aquilo tudo.

Embora eu tenha passado por muitas coincidências incríveis e inexplicáveis ao longo da vida, essa que acabo de narrar me deixou sem palavras. Depois disso, nunca mais duvidei do fato de que há pessoas especiais para nós que estamos destinados a encontrar ou re-encontrar, vida após vida, justamente no momento certo. E, apesar de todos os eventuais obstáculos, isso sempre acontece.

3. O PRIMEIRO ENCONTRO

Monte Farber

Meu primeiro sonho premonitório foi também o melhor, porque graças a ele "conheci" minha esposa, alma gêmea e colaboradora artística, Amy Zerner. Eu tinha 14 anos de idade e passava uma temporada no apartamento de meu pai, recém-divorciado, no bairro do Brooklyn, em Nova York. Ele era sargento de polícia.

Eu dormia em certa noite muito quente de verão e me agitava na cama, atormentado por um pesadelo recorrente que me assombrava desde a infância. Nesses sonhos terríveis, todos os animais do zoológico de Prospect, onde meu pai trabalhara como vigia, haviam fugido e corriam atrás de minha mãe, de minha irmã caçula e de mim. Mamãe agarrava nossas mãos e corria conosco até a segurança de nossa casa, entrando e fechando a porta no momento exato em que os elefantes investiam contra nós, lentos, mas ameaçadores, andando em fila como fazem no circo.

Naquela noite, porém, o pesadelo foi repentinamente interrompido por outro sonho: eu estava sentado atrás de uma bela mulher de cabelos cor púrpura (!) e massageava seu pescoço e seus ombros. Convenhamos que, em 1964, isso era demais para um garoto de 14 anos! Mas havia um aspecto ainda mais incrível nesse sonho: eu tinha a indescritível certeza de amar aquela mulher e sabia, sem sombra de dúvida, que ela também me amava e confiava plenamente em mim!

Depois disso, vi em rápida sucessão, como num quebra-cabeça, várias imagens de uma estrada que subia por uma colina onde havia árvores iluminadas pela luz do sol. Sei agora que aquelas imagens eram exatamente iguais ao caminho que conduz à casa em que Amy e eu moramos desde 1975. Sempre recordo esse sonho quando subo a nossa colina nos dias ensolarados e me sinto flutuar outra vez, com 14 anos de idade, sobre as árvores cheias de luz. Até a paisagem vista dos fundos da casa apareceu-me, em todos os detalhes, naquele sonho incrível.

E então eu acordei. Estava em agonia! Tentei com todas as minhas forças voltar a dormir para sentir de novo aquele amor inacreditavelmente puro, mas não consegui. Todo o meu esforço foi em vão. Percebi que poderia reviver aquele sentimento, mas apenas como um eco distante da emoção presente no sonho.

Eu sabia instintivamente, apesar da minha imaturidade, que um amor tão intenso estava predestinado a durar o tempo de uma vida e a ser compartilhado. Fui até a cozinha, onde meu pai lia o jornal, e anunciei, emocionado, que acabara de sonhar com a mulher que eu amaria e com a qual me casaria. Papai abaixou solenemente o jornal, olhou-me com certo ar de compaixão e disse: "O que você sabe sobre o amor?"

Bem, minha primeira incursão no âmbito da profecia pode ter gerado uma reação decepcionante e eu, de fato, pouco sabia sobre o amor naquela época. Mas, desde 1988, eu e Amy, que *tem* cabelos cor de púrpura, vimos a publicação de nossos sistemas divinatórios vender mais de 1 milhão de cópias e ser editada em nove idiomas. Assim como Cupido é filho de Vênus (arte) e Mercúrio (literatura), nós gostamos de pensar em nossas oito obras feitas em co-autoria, que combinam a arte de Amy e a minha escrita, como se fossem nossas filhas. O mais importante, porém, é saber que durante as últimas décadas nós conhecemos e lutamos muito para construir e consolidar o amor verdadeiro e a parceria de mútuo apoio e compreensão com os quais a maioria das pessoas pode apenas sonhar.

Para minha alegria, tive muitos outros sonhos premonitórios. Alguns se revelaram bastante úteis, mas nenhum foi mais prazeroso que o primeiro. Eu me acostumei tanto a eles que sou capaz de discernir entre os sonhos realmente proféticos e os sonhos comuns.

E aquele pesadelo recorrente sobre o zoológico? Nunca mais me atormentou, depois do sonho que tive com Amy. O amor faz milagres, você sabe.

4. DESPERTAR PARA O AMOR

S.A. Forest

Uma frase dita por uma autoridade da área de relações humanas foi, finalmente, o impulso definitivo que me fez deixar a reserva de lado e tornar pública esta história. Não me lembro das palavras exatas da frase, mas a mensagem central era a seguinte: nós deveríamos deixar de buscar a relação afetiva "ideal", porque esse é um sonho inatingível e impossível, que nada tem de realista. Em outras palavras, é um conto de fadas, e duas pessoas não podem viver dessa maneira.

Mas eu não penso assim. Vivo esse sonho, esse amor, há dezesseis anos. E afirmo, caso você ainda não tenha passado por essa experiência: o impossível é, na verdade, possível, e os sonhos podem, sim, tornar-se realidade.

Durante anos a solidão dominou meu coração, e era muito difícil suportar a vida. Eu sofria a falta de tudo aquilo por que mais ansiava: a convivência, o carinho, a intimidade, a presença contínua da pessoa amada. Mais que tudo na vida — mais até mesmo que a sabedoria espiritual —, eu desejava uma companheira amorosa, uma mulher com a qual pudesse me abrir inteira e plenamente, com a qual estivesse tão ligado que nos tornaríamos uma só pessoa. Era esse fogo que ardia em meu coração, o fogo indomável de um sonho longínquo.

Hoje, quando olho para trás, percebo que a solidão insuportável que me cercava trabalhava para enfraquecer as barreiras interiores que eu erguera para afastar o amor, além de abrir meu íntimo e preparar-me para dois acontecimentos de suma importância que abalariam minha existência simples e quieta.

Foi exatamente durante os momentos mais sombrios e difíceis que o amor entrou em minha vida. O primeiro sinal de luz ocorreu certo dia, cerca de um ano e meio depois de minha mudança de Nova York para Los Angeles. Os efeitos de uma infância passada em isolamento quase total, além de uma solidão física praticamente absoluta na idade adulta, atingiram tal intensidade que eu senti ser impossível continuar a viver. Sentei-me para meditar, numa tentativa de acalmar a dor e aliviar o sofrimento.

Antes que eu percebesse, as paredes do aposento e também meu corpo se dissolveram. Sentindo-me uma partícula do tempo planetário, encontrei-me em um universo infinitamente mais fantástico e portentoso do que jamais puderam mostrar os cientistas, nem produzir a imaginação dos criadores de efeitos especiais do cinema.

Não pretendo nem mesmo tentar descrever o evento — que durou boa parte da tarde —, pois não há palavras nem pontos de referência capazes de dar idéia da experiência que atravessei naquele 3 de janeiro de 1981. O que realmente abalou as bases do meu ser, mais do que qualquer outra coisa, foi a voz claríssima que se fez ouvir do fundo de mim mesmo. Era muito diferente, em termos de tonalidade, cadência e profundidade, da voz que tagarelava continuamente dentro de minha cabeça e eu julgara até então que fosse "eu".

Essa voz me comunicou que eu acabara, na verdade, de dar nascimento a mim mesmo. De fato, em determinado momento, senti-me levado por ondas de contrações ao longo de um canal de dimensões universais, até "nascer" em meio a uma absoluta claridade branca: brilhante, intensa e ao mesmo tempo suave.

A voz, profunda e doce, continuou a falar. Disse pertencer ao meu "eu maior", minha essência, aquela parte de mim ligada à força que chamamos Deus, além da mente, além das condições terrenas, além do medo e da raiva. Contou-me também, apesar de minha confusão, que esse "eu maior", ou seja, eu mesmo, era onisciente e infalível.

Devo confessar que não encarei o surgimento de minha "essência" com entusiasmo nem com respeito. Mas esse "eu maior" — que se identificou como Alimar quando perguntei seu nome — não apenas era sereno como também se mostrou infinitamente paciente, compassivo e, sobretudo, muito amoroso.

Nove dias mais tarde, o segundo sinal de luz se manifestou. Conheci minha bem-amada, Alexandra Light. Ela tomou posse de meu coração no instante em que a olhei. Bastou aquela primeira fração de segundo para que eu a amasse completamente, para sempre. Antes de trocarmos sequer uma única palavra, eu soube, com a mais plena convicção, que ali estava a mulher que eu buscara durante minha vida inteira. Não era necessário conhecê-la melhor, pois eu sentia como se sempre a tivesse conhecido, como se já estivéssemos juntos havia anos, e não apenas alguns minutos. Mas a vida na Terra é um palco de infindáveis dramas, e nós, os atores, devemos cumprir nossos papéis.

Logo descobri que Alexandra Light estava envolvida com outro homem e, dentro de três semanas, partiria para o estado de Colorado a fim de viver com ele. Assim, em vez de namorar, nós relutantemente nos tornamos grandes amigos. Alexandra era única, a pessoa mais original que eu já conhecera. Era uma mulher de espírito livre, natural, brilhante, divertida, cheia de paixão e vida.

Tinha também a habilidade especial de liberar todas as emoções de meu íntimo, como se eu fosse o teclado de um órgão de igreja que ela soubesse tocar com perfeição. No final das três semanas, jurei a mim mesmo que nunca mais a veria nem falaria com ela, mas o dia de sua partida de Los Angeles foi também o dia mais triste, mais doloroso e mais sombrio de minha vida.

Nos meses que se seguiram, Alimar tentou consolar-me, mas eu recusava sua ajuda. Embora sua orientação fosse excepcionalmente sábia e o fato de aceitá-la talvez me poupasse muito pesar, o homem cético e ainda bastante arraigado no mundo material e racional que eu era não quis ouvir seus conselhos. Apesar da evolução e do rápido avanço de minha jornada espiritual, nem um momento se passou sem que eu pensasse em Alexandra Light e sentisse em meu coração a dor crucial de sua ausência.

Por mais irônico que pareça, eu não atendia quando ela tentava falar comigo por telefone. Acreditava que a opção de tirá-la por completo de minha vida seria menos dolorosa do que a continuidade daquele contato artificial e limitado. Apesar de todos os argumentos em contrário, o ser humano nada tem de racional.

Nove meses depois, o mundo desabava novamente sobre mim. Era preciso mudar-me outra vez, mas agora, ao contrário de antes, eu não tinha alternativa. Estava sem dinheiro, e minhas únicas posses eram uma máquina de escrever portátil e um pequeno conjunto de tambores de cerâmica. Não possuía casa própria, não dispunha de outro meio de transporte que não fossem meus pés, estava sem perspectivas e meus poucos amigos haviam deixado a cidade. O pior de tudo, porém, era a ausência de amor em minha vida.

Eu não estava assustado, apenas perturbado. Tinha 42 anos de idade, mas vivia como um adolescente fugido da casa paterna. Segundo os conceitos sociais, eu era um fracasso absoluto. Quanto ao "eu maior" — bem, até onde isso me levara? Remorsos e censuras ricocheteavam em minha mente como um esquadrão de mísseis em perseguição a seus alvos.

Alimar, no entanto, respondeu amavelmente dizendo que eu não me preocupasse, pois tudo daria certo. Descartei seus conselhos, porém, ainda não convencido de que aquilo fosse real. Eu nunca antes pedira demissão de um emprego, mas agora considerava seriamente a possibilidade de deixar tudo para trás e retornar a Nova York na tentativa de recuperar minha carreira abalada.

Quando meu desespero chegou ao auge, ocorreram, quase simultaneamente, dois fatos importantes. Logo após minha chegada a Los Angeles, conheci uma agente que se prontificou a vender dois roteiros para cinema de minha autoria. Entreguei-os a ela e esqueci completamente o assunto. Então, quando eu não pensava mais nisso, ela me telefonou para informar que vendera *ambos* os roteiros por uma soma considerável.

Naquele mesmo dia, fui convidado para uma festa beneficente. A princípio, pensei em recusar, mas depois mudei de idéia, pois uma forte intuição me dizia para comparecer ao evento. Para minha sorte, dessa vez eu atendi a essa voz interior.

De fato, a festa foi agradável. Durante uma pausa, eu estava para sair e tomar um pouco de ar fresco quando as portas duplas se abriram e Alexandra Light entrou no salão e novamente invadiu minha vida. Tentei desaparecer no momento em que a vi, mas a emoção colou meus pés no chão e ela, em seguida, aproximou-se de mim e tomou minha mão. Seu namoro com o sujeito de Colorado chegara ao fim e ela estava livre, mas ainda assim eu queria sumir.

Além de todas as suas qualidades, Alexandra era uma mulher muito bela, e os homens ficavam constantemente atraídos por seu charme. Eu queria evitar essa aflição adicional. Uma antiga namorada comentara certa vez que pareço ser dócil, mas minha vontade é de ferro. Até o ferro, no entanto, pode ser moldado.

Alexandra e eu passamos muito tempo na companhia um do outro durante os dias seguintes — ainda como amigos, e não como namorados. Eu repetia para mim mesmo que ela decerto logo partiria e sairia novamente de minha vida, mas esse pensamento não me consolava. Alimar tentou orientar-me, mas eu estava tão ferido e zangado que não lhe dei chance de falar.

Em vez de deixar a cidade, Alexandra alugou uma casa na praia sem conhecê-la. Quando finalmente foi vê-la, ficou tão decepcionada que não hesitei em correr o risco de lhe falar de Alimar. Ofereci-me, em seguida, para consultar meu "eu maior" na esperança de ajudá-la. Essa foi uma experiência tão fulminante que alterou para sempre o curso de nossas vidas.

Alexandra Light se apaixonou instantaneamente por Alimar — da mesma forma como eu me apaixonara por ela no passado. Decidimos, assim, viver juntos pelo prazo de trinta dias, embora eu não acreditasse que essa tentativa sobrevivesse por mais de 48 horas. Mas, com a presença de Alimar, tudo correu bem. Pouco tempo depois, Luz Gloriosa, o "eu maior" de Alexandra, juntou-se a nós — e os trinta dias se transformaram em dezesseis anos.

Alexandra não é apenas minha amante e companheira de jornada, é também minha mestra, minha melhor amiga, minha vida e minha salvadora. Mesmo após todos esses anos, ainda admiro sua magnificência e seu brilho. Ela é de fato uma luz gloriosa.

Você está enganado, no entanto, se pensa que nossa vida se compõe apenas de música, flores e felicidade. Nós dois temos personalidades extremamente independentes, dominadoras e apaixonadas. Embora nos amemos com todas as fibras do coração, jamais teríamos sido capazes de atravessar e superar todos os obstáculos surgidos durante tanto tempo de convívio sem a orientação sábia e amorosa de nosso "eu maior".

Sem dúvida seríamos hoje duas pessoas solitárias e passaríamos a vida sentindo a falta um do outro e lamentando o fim do romance, mergulhados na lembrança do que poderia ter sido. Essa relação de tão intenso nível de proximidade e intimidade, sem barreiras nem limites de nenhuma espécie, tem sido o desafio mais difícil de nossa vida. Tivemos de enfrentar nossos piores medos e nossos demônios mais poderosos. Passamos por situações que teriam desgastado os vínculos afetivos da maioria dos casais.

Mas a presença de Luz Gloriosa e de Alimar em nossa vida nos permitiu dominar as emoções negativas, curar as mágoas do passado e do presente e dissolver as barreiras que mantêm as pessoas separadas mesmo quando estão fisicamente juntas.

Depois de tantos anos de vida em comum, nosso amor continua crescendo e evoluindo. Não existem muralhas mentais nem físicas entre nós, não há segredos, mas nem por isso perdemos a individualidade e a identidade, assim como não perdemos a alegria e a emoção que sentimos pelo simples fato de conviver. Raramente nos separamos, mas nunca nos cansamos um do outro, nunca nos aborrecemos um com o outro. Levamos uma vida calma e contemplativa, além de muito, muito simples. Rimos, brincamos e nos divertimos, mas damos orientação e trabalhamos com nossos queridos alunos. Cuidamos também de questões práticas sem nunca perder de vista nosso maior propósito, o amor e Deus, prioridades de nossa consciência.

Alexandra e eu sentimos grande satisfação e alegria em ensinar e orientar outras pessoas no processo que desenvolvemos para fazer emergir sua essência, capacitando-as a manifestar e manter uma forma profunda e divina de amor. Esperamos que muitos consigam ligar-se a seu "eu maior" e compreender que o amor eterno e incondicional não apenas é possível, como também pode servir de canal para a concretização do milagre maior — a união com Deus.

CURA MILAGROSA E RESGATE ANGÉLICO

1. A CURA DE UM CÂNCER EM QUATRO MESES

Jill Schneider

Em fevereiro de 1975, aos 29 anos de idade, fui surpreendida pelo diagnóstico de câncer uterino. Não havia dor nem outros sintomas, e eu não faria idéia de que estava doente se meus exames de rotina não tivessem voltado com o aviso: "Estágio 5: tumor maligno". Uma enfermeira, preocupada, me deu a notícia e informou que eu deveria fazer novos exames como contraprova. Assim fiz e passei os dias subseqüentes imaginando se eu ia morrer ou se seria capaz de ter filhos. Mas os resultados se confirmaram.

Por mais estranho que fosse, ali estava eu, jovem e aparentemente saudável, ouvindo meu médico descrever alguma coisa oculta dentro de meu corpo que tinha o poder de me matar. Ele falou dos procedimentos à minha disposição, invasivos, é claro, a começar pelo corte de uma parte do útero que extirpasse todo o tecido canceroso. Mas, caso essa medida não fosse suficiente, ele acrescentou, talvez houvesse necessidade de uma histerectomia radical.

Quanto mais pensava nas palavras do médico, mais me convencia de que a linha de tratamento que ele indicara era inadequada para mim. Parecia-me dolorosa, complicada e em desarmonia com a natureza. Em última instância, eu sabia que minha vida estava nas mãos de Deus.

Graças à prática regular de meditação, pude desenvolver minha força interior e não me deixava abater por qualquer coisa. Eu era uma vegetariana convicta, conhecia ioga e lia muito sobre filosofia e medicina oriental. Acreditava que o tratamento dos sintomas da doença não seria suficiente. O desequilíbrio celular apenas encontraria novos pontos para invadir e destruir.

Pressenti que os exames haviam revelado a existência de uma estagnação, talvez de uma depressão, de meu aparelho reprodutor. A limpeza e a renovação dessa área, portanto, adquiriram inegável sentido para mim. Assim sendo, antes de tentar uma medida drástica como a cirurgia, decidi dar a meu organismo uma chance de reagir a métodos naturais, não agressivos.

Tudo isso aconteceu há mais de trinta anos, mas ainda recordo, em detalhes, a maneira como me senti enquanto tentava explicar minha decisão ao ginecologista. Meu coração batia, descompassado, quando perguntei se eu poderia tentar alguns métodos naturais de tratamento e, após um mês, fazer novos exames. Ele apenas me olhou e disse: "Jill, creio que sua atitude não nos dá alternativas para continuar tratando de seu caso".

Estava trêmula ao sair do consultório, como uma criança que desafiou o diretor da escola e foi expulsa. Os pacientes, em meados

dos anos 1970, não costumavam contestar seus médicos. Eu me sentia mal, mas sabia que tinha de fazer o que achava certo.

Naquela época, freqüentava um curso ministrado por Ralph Alan Dale que se intitulava "A Teoria da Medicina Oriental". Contei o que estava ocorrendo comigo e ele me aconselhou a entrar em contato com Michio Kushi, uma autoridade em macrobiótica, fundador do Instituto Kushi, de Massachusetts.

A macrobiótica é um sistema natural baseado no princípio asiático do *yin* e *yang* e em sua presença nos alimentos orgânicos integrais. Seu objetivo é a restauração do equilíbrio energético e do bem-estar por meio de mudanças da dieta alimentar e do estilo de vida. Kushi me prescreveu uma dieta rigorosa, na qual eu deveria comer apenas arroz integral cozido durante dez dias. Mastigado muitas vezes em um ambiente calmo e meditativo, o arroz integral se transformaria em um líquido que eu visualizaria como um mensageiro que levaria a meu corpo e a minha mente uma energia plena de amor, vida e saúde.

Passei, gradualmente, a acrescentar outros grãos, legumes, algas, sementes, sopa de missô e algumas frutas a essa dieta. Durante cada refeição, respirava profundamente e meditava sobre a forma como os alimentos seriam meu tônico, o medicamento que me traria a cura.

O doutor Dale mencionou também um acupunturista e fitoterapeuta chinês da região, com o qual passei a fazer sessões de acupuntura duas vezes por semana. Após as sessões, ele me levava a uma pequena cozinha onde me servia batata-doce e chá de ervas. Dava-me em seguida uma espécie de bola de ervas que eu tinha de mascar.

Por minha conta, com a intenção de intensificar os efeitos benéficos do tratamento, aplicava diariamente sobre o abdômen, durante vinte minutos, compressas de óleo de castor aquecido. Eu lera que Edgar Cayce, um paranormal que realizava curas, usava esse método para tratar o câncer de útero.

Depois de um mês, marquei uma consulta com o ginecologista de minha mãe. A reação dele não foi diferente daquela que meu primeiro médico demonstrara diante de minha decisão de seguir um tratamento nada ortodoxo. Ele sugeriu até uma cirurgia criogênica para congelar meu útero com a finalidade de deter o crescimento das células anormais. Eu recusei.

Os resultados dos exames que fiz nessa ocasião foram mais animadores, embora ainda revelassem algumas lesões pré-cancerosas. Meu útero não voltara ao normal, mas suas condições haviam melhorado de forma notável. Isso bastou para mim. Sabia que meu câncer estava em pleno processo de involução e que eu escolhera o caminho certo, afinal.

Sempre fico muito chocada ao constatar o fato de que tantas pessoas, embora saibam que alguma coisa está errada com sua saúde, não se esforçam para mudar de hábitos. É preciso tomar certas atitudes para modificar o ambiente em que nossas doenças se formam. Em meu caso, senti o impulso fortíssimo de viajar. Assim, na companhia de um grupo de amigos, tomei um avião e fui visitar o Peru e a Venezuela.

Mantive a dieta macrobiótica durante a viagem, suplementando as refeições à base de arroz integral com verduras e legumes frescos cultivados pelos habitantes dos lugares por onde passávamos. Caminhando entre ruínas ancestrais e dormindo em cabanas primitivas, descobri em mim mesma uma sensação de pureza. Fora de meu ambiente costumeiro, estava em paz comigo e com o mundo. Aquela quebra de rotina e o afastamento da energia doentia da vida urbana foram fatores decisivos em minha cura.

Em junho, quando retornei, sentia-me tão bem que tinha certeza de que o câncer deixara meu corpo. Os novos exames recomendados pelo médico mostraram que meu útero estava perfeitamente normal.

A luta contra a doença revelou-me uma realidade inquestionável: o valor precioso, embora temporário, de se ter um corpo físico cheio de saúde. Dois anos e meio depois da cura e da viagem que fiz à América do Sul, dei à luz meu filho, Aaron, que hoje cursa a universidade. E nunca houve recorrência do câncer uterino que um dia me acometeu.

2. O ANJO DE BRANCO

Julianna

No verão de 1967, uma semana após o nascimento de minha segunda filha, tive de voltar às pressas ao hospital. Alguma coisa estava seriamente errada comigo, e os médicos tentaram em vão, durante dois dias, estabilizar minhas condições. Senti muito medo e muita dor naquele período, além da certeza avassaladora de que estava para morrer. Nunca me acontecera nada semelhante, pelo contrário, sempre me sentira quase indestrutível.

Chegou então aquele ponto da crise em que, sob a influência da ação dos medicamentos, do medo e da exaustão, tornei-me insensível à dor física. Lembro-me do olhar apavorado de meu marido, que me dava conta de que as notícias não eram boas. Minha família foi chamada, assim como um padre. Depois desse episódio, não guardo praticamente nenhuma lembrança do hospital, dos médicos nem dos familiares.

Uma única imagem ficou gravada com toda a clareza em minha memória: a da enfermeira que permaneceu ao meu lado naquelas horas críticas. Ela era tão linda! Sua face ganhava realce graças a um corte de cabelo que eu nunca vira antes, com uma franja repartida no centro, formando uma moldura em coração, ideal para seus olhos iluminados, calmos, sábios.

A última coisa que eu poderia aceitar, naquela época, seria a existência de anjos. Eu conhecera até então muito poucas alegrias e quase nenhuma felicidade. Não tinha nem mesmo certeza de que Deus tomava conhecimento de mim, pois sempre me cuidara sozinha. Mas, se por acaso Ele se importasse comigo, por que permitia que eu atravessasse tanto sofrimento ao longo da vida?

Minha enfermeira não me abandonou nem mesmo depois que os médicos desistiram de mim. Eu falava com ela e dizia que precisava ver minha filha mais velha, em viagem de férias com os padrinhos. "Por favor, deixe-me falar com ela, depois posso morrer", supliquei. Embora eu estivesse longe de sentir qualquer coisa parecida com fé e confiança em um poder maior, não tive medo de morrer enquanto aquela linda moça permaneceu junto de mim. Minha única preocupação eram minhas filhas.

Um novo dia amanheceu e minhas condições finalmente começaram a estabilizar-se. Pedi para ver a enfermeira que cuidara de mim, pois queria contar-lhe que sua presença me ajudara a lutar pela vida. Durante uma semana, perguntei em vão pela bela enfermeira a todos que entravam em meu quarto, mas a resposta era sempre a mesma: "Não há ninguém entre os funcionários do hospital que corresponda nem de longe à sua descrição. Além disso, nenhuma enfermeira passou a noite toda aqui". Diziam que eu provavelmente havia delirado por causa da dor e dos remédios, mas meu coração sabia que ela estivera de fato ali comigo.

Só anos depois, graças ao amadurecimento da fé e à reconquista da saúde emocional, compreendi, com toda a certeza, esta verdade: a enfermeira que passara a noite cuidando de mim era meu anjo da guarda. Ela me mostrou, ao longo daquelas horas, como aceitar o amor incondicional de um poder mais alto cuja existência eu desconhecia. Ainda recordo o momento em que me dei conta de sua presença angelical: numa revelação repentina, não restou dúvida em minha mente de que ela é tão real quanto qualquer ser humano que caminha sobre a face da Terra.

Hoje em dia coleciono imagens de anjos de todas as formas e tamanhos. Esse é para mim um meio de dar fisionomia ao poder maior. Olho agora com muito mais entendimento as pessoas que têm rosto em forma de coração e olhos extremamente brilhantes. Acredito que sejam anjos que andam entre nós. Precisamos apenas aprender a vê-los.

3. O MOTORISTA ANGELICAL

Ron Paul

Meu carro enguiçou às duas horas da madrugada numa área de Los Angeles, considerada muito perigosa. Desesperado, abri a porta e acenei para outro carro que passava. Os ocupantes concordaram em levar-me para casa, mas assim que me sentei no banco traseiro daquele automóvel de duas portas, percebi que estava em apuros. Os homens começaram a trocar comentários pejorativos a meu respeito e disseram que me levariam para um parque próximo. Sabia estar correndo o risco de ser surrado ou assassinado, e eu estava preso no banco traseiro, sem porta de saída. Pedi que me libertassem, mas eles não me deram ouvidos.

Comecei a rezar intimamente e disse a Deus com todo o fervor: "O senhor sempre me ajudou antes, e agora preciso de seu socorro mais do que nunca!" Naquele instante, o carro parou diante de um farol vermelho e ouvi uma voz interior exclamar: "Empurre o banco dianteiro e pule depressa para alcançar a porta!" Obedeci ao conselho, surpreso por agir com tanta presteza e conseguir escapar.

Os homens gritaram e vieram em minha perseguição, mas um ônibus apareceu de repente. Acenei freneticamente, e o motorista abriu a porta para que eu entrasse. Não havia nenhum outro passageiro no veículo. Contei ao motorista o que me acontecera e expliquei que ainda corria perigo. Ele se ofereceu para me deixar em casa. Os dois homens do carro seguiram o ônibus durante algum tempo, gritando, mas depois desistiram — e eu cheguei em casa com toda a segurança.

No dia seguinte, telefonei para a empresa de transportes urbanos porque queria agradecer formalmente ao meu salvador. Mas, quando pedi para falar com ele, disseram-me que na companhia não havia nenhum funcionário que correspondesse ao nome nem à descrição que eu mencionara. Dei mais detalhes sobre o incidente, inclusive o nome da rua onde o ônibus me apanhara e a hora exata em que o resgate ocorrera. A pessoa que me atendia afirmou enfaticamente que a empresa não mantinha nenhum carro naquele trajeto durante a madrugada e, portanto, seria impossível que o tal ônibus tivesse realmente condições de me resgatar.

Só então compreendi que Deus de fato me socorrera e me guiara para a segurança daquele veículo inexistente, dirigido por um anjo que, por algum milagre divino, tomara a forma de um motorista de ônibus para salvar a minha vida.

4. MINHA JORNADA DE AMOR COM JESUS

Ben Woodson

Quarta-feira, 2 de outubro de 1996.

Naquela manhã, dei um beijo de despedida em Lucy, minha esposa, e saí para tomar o avião que me levaria a Miami. Pensei em Lucy durante toda a viagem, no amor sincero e profundo que sentia por ela e em sua importância para a minha vida. Percebi que havia muito não dizia tais coisas a minha mulher, e essa constatação me causou tristeza. Eu precisava repetir com mais freqüência quanto a amava.

Meu irmão, Ed, foi buscar-me no aeroporto, e fiquei contente por revê-lo. Durante o trajeto para o centro, refletia no pouco tempo transcorrido, apenas 63 dias, desde que recebera o diagnóstico de mieloma múltiplo, um tipo incurável de câncer das células do plasma sanguíneo que ataca os ossos e o sistema imunológico. O choque que senti ao saber da má notícia não teve importância maior para mim do que o pensamento de gratidão que brotou de meu íntimo por ter sido abençoado com tanto apoio da família e dos amigos, principalmente de minha irmã e de meu irmão. Eu estava cercado de dedicação altruísta e de amor incondicional.

Quinta-feira, 3 de outubro de 1996.

Após um dia cheio ontem, Ed e eu fomos para Key West. Falamos de coisas que nunca tínhamos compartilhado antes, histórias de nossos pais, de nossa família e do passado. Eu podia sentir nossos vínculos afetivos se estreitarem ainda mais. Foi uma ótima viagem, plena de emoção. Chegamos a nosso destino por volta das nove e meia da noite. Eu estava cansado, mas muito feliz. Mais tarde, pouco antes da meia-noite, desliguei a TV e as luzes, e adormeci.

Sexta-feira, 4 de outubro de 1996.

Durante a noite, precisei ir ao banheiro, por isso pulei da cama e caminhei para lá. Quando retornava ao quarto, notei que eram duas e quarenta da madrugada. Enrolei-me novamente nas cobertas, deitado sobre meu lado esquerdo, de frente para a porta e as cortinas. Estava bem desperto e tinha os olhos completamente abertos.

Percebi, de repente, que havia alguém no quarto. Era uma sensação estranha para mim, uma presença forte e avassaladora, embora emanasse tanta cordialidade e tanto amor como jamais sentira. Eu sabia que alguém permanecia de pé atrás de mim, ao lado da cama. Não tive medo, pois o quarto estava envolvido no mais puro amor.

Levantei a cabeça do travesseiro e olhei sobre meu ombro direito. Ali, de pé junto da cama, estava Jesus Cristo — em carne e osso, inteiro, pleno, alto, cheio de calor. Ele vestia uma túnica branca que parecia passada e engomada. A alvura de seu traje era deslumbrante, algo que eu jamais vira. Era como a própria alma do branco, uma plenitude.

Seu rosto era cálido, emoldurado pelos cabelos cheios, de um castanho dourado. Seus olhos se fixaram nos meus com a expressão mais profunda e meiga que já existiu. Ele se curvou, ergueu as bordas

das cobertas e deitou-se atrás de mim. Eu estava congelado. Sentia o colchão mover-se, mas meu corpo permanecia imóvel. Ele me abraçou. Senti que seu gesto me envolvia todo e voltei a cabeça em sua direção. Ele se aproximou ainda mais de mim até que seu espírito penetrou meu ser, como se fôssemos um só. Eu estava imóvel, mas não sentia medo, na verdade comecei a rir. Ele então me disse: "Não se preocupe, estou com você agora. Sempre estive, mas você não sabia disso. Tudo vai ficar bem. Tenho planos para você, logo entenderá".

A sensação de calor e de plenitude começou a fluir sobre mim com mais rapidez. Eu estava em paz e sorria, feliz, cercado de amor. Ele continuou: "Viva sua vida e siga seu coração, assim saberá o que desejo de você. Seja natural, seja você mesmo".

Eu me sentia tão feliz e tão pleno. Nunca em minha vida experimentara aquela sensação. Nós rimos como crianças inocentes. Sabia que tudo daria certo para sempre, até o fim dos tempos. Eu fora chamado para fazer parte de alguma coisa que ainda não conhecia, de um mundo de amor que jamais vivenciara.

Não voltei a dormir até amanhecer. Fiquei ali imóvel, com um sorriso no rosto. Nunca antes sentira uma paz tão absoluta. Meu coração estava cheio de calor, de um sentimento mágico.

Não sei quanto tempo se passou, mas de repente já era hora de levantar e ir para o trabalho. A caminho do escritório, telefonei para Lucy e contei-lhe que algo extraordinário acontecera naquela noite, mas eu só poderia explicar tudo pessoalmente, e não pelo celular. Conversaríamos quando voltasse para casa.

Quando cheguei naquela noite, Ed estava à minha espera. Jantamos, rimos e conversamos. Depois, enquanto víamos TV, eu disse: "Sabe, uma coisa incrível aconteceu comigo e preciso contá-la a você". Quando iniciei a narrativa, um tremor repentino tomou conta de mim e comecei a chorar. As palavras não saíam mais de minha boca. Fiquei histérico e soluçava, afirmando não acreditar no que tentava contar a meu irmão. Foi uma experiência forte demais para descrever com termos humanos. Sentia-me exausto, esgotado, extremamente fraco e caí num sono pesado e longo.

É interessante notar que o 4 de outubro tem significado religioso e histórico para milhares de pessoas em todo o mundo. É uma data consagrada a São Francisco de Assis e marca o dia em que ele teve a visão de Jesus e também recebeu seus estigmas nas mãos e nos pés.

Sábado, 5 de outubro de 1996.

Na manhã seguinte, após uma sessão de massagem, fui para o quarto fazer a leitura diária de minha publicação religiosa preferida, *Our Daily Bread* [O Pão Nosso de Cada Dia]. Eu me esquecera de fazer a leitura da véspera devido a todos os acontecimentos.

Assim, procurei a página de sexta-feira e li a história "Ele me chamou", sobre uma menina de 3 anos que se comunicara com Jesus pelo telefone. O desfecho da história dizia que, quando recebemos um chamado de Deus, devemos aceitá-lo com fé e confiança. Os versículos da *Bíblia* indicados para esse dia eram Romanos 8:28-39.

Fiquei estarrecido e fascinado ao abrir a *Bíblia* e ler aqueles versículos. Comecei a chorar e tremer, pois as palavras falavam diretamente ao meu coração e aos fatos recentes.

Jesus Cristo me deixava, definitivamente, uma mensagem naquela manhã, não apenas com sua presença junto de mim, como também através das divinas palavras bíblicas. Levarei essa mensagem sempre comigo e a seguirei ao longo da vida. Ela significa um marco que aponta o caminho que devo trilhar para seguir meu coração.

Minha jornada prossegue com uma missão que, dia após dia, se expande. Sinto com muita intensidade o poder de Deus, que me chamou através da visita de Jesus. E Ele continua chamando outras pessoas para que aprendam a ouvir o próprio coração! Ele quer que eu faça parte disso, Ele quer que todos façam parte disso. Ele quer que eu chame os outros para o Seu amor.

Depois de minha visão de Jesus, experimentei um tremendo alívio do estresse, da confusão, das dificuldades, do peso, da doença e da dor. Senti que o mal que causara o câncer havia abandonado meu corpo. Eu estava livre, meu organismo e minha mente foram purgados e drenados de todas as impurezas.

Não interrompi o tratamento, porém, e passei por vários níveis de quimioterapia. No dia 7 de maio de 1997, fui submetido a uma dose mais forte como parte da preparação para um transplante de medula óssea. Após os exames necessários, os médicos se mostraram muito satisfeitos com as condições de meu sangue, que continha níveis normais de proteínas, e isso indicava uma espécie de involução do câncer.

Os exames passaram a ser feitos quinzenalmente, depois mensalmente, e durante mais de um ano os níveis sanguíneos permaneceram dentro da normalidade. Os médicos ficaram surpresos e me informaram que uma pequena porcentagem dos pacientes de mieloma múltiplo, menos de 5%, reage bem à quimioterapia. Em meu caso, um transplante total não seria necessário na ocasião.

Bem, agradeci a atenção dos médicos e continuei a viver e a seguir meu coração. Mas sei bem quem me curou. Quando Jesus me apareceu na madrugada do dia 4 de outubro de 1996, sei que retirou de mim todo o mal causador do câncer. O processo de cura teve então início, pois o tratamento médico se tornou eficaz.

Deus está dentro de cada um de nós neste exato momento, e temos a capacidade inerente de restabelecer o equilíbrio de nosso ser e abrir assim os canais de cura natural do organismo. Nunca devemos ignorar as coisas prodigiosas que Deus colocou à nossa disposição, graças à medicina moderna, mas é preciso também desenvolver a consciência de tudo aquilo que nos causa desequilíbrio para não perder a condição de nos transformarmos em coadjuvantes, tanto da ciência quanto do poder divino no verdadeiro processo de cura integral de nós mesmos.

Nunca me senti tão cheio de amor e de bênçãos quanto na fase atual de minha vida. Sinto-me inundado de amor divino. Minha relação com as pessoas tornou-se o aspecto mais importante da vida para mim, e nada mais tem tanta relevância.

Tudo o que desejo é compartilhar o amor de Deus com meus semelhantes e ser para eles uma espécie de luz que lhes oferece a paz e a alegria que tenho em meu coração e em meu conhecimento, tão real quanto a saúde das células de meu corpo, de que Jesus caminha entre nós, como fazia 2 mil anos atrás, trazendo-nos o toque da presença de Deus. Ele está em nós, sempre esteve conosco e estará para sempre conosco — por toda a eternidade.

5. PROTEGIDO PELOS ANJOS

Gerald Jampolsky

Quando contribuí com a criação do "Centro de Cura pela Atitude", da Califórnia, em 1975, não podia imaginar que eu mesmo fosse, no futuro, tão profundamente beneficiado por essa instituição.

Eu trilhava, na ocasião, o caminho do suicídio por causa do alcoolismo, embora temesse a morte. Acreditava que a única realidade era o corpo físico e, quando morresse, seria o fim de tudo.

O centro foi fundado para dar assistência a crianças portadoras de doenças letais, muito embora uma voz interior que se fazia ouvir mesmo à minha revelia avisasse: "As crianças atendidas por esta instituição se revelarão velhos espíritos em corpos jovens e ensinarão a você e aos outros voluntários uma forma diferente de olhar a vida e a morte. Elas os ajudarão a vencer o medo de morrer".

Greg Harrison foi a primeira criança que vimos falecer em nosso centro. Quando chegou, já havia tomado oito séries de drogas para combater a leucemia, e esse tratamento maciço deixara o menino ainda mais doente. Sua família, seu médico e ele próprio tomaram finalmente a decisão de interromper a administração de todos os remédios. Pouco antes de morrer, Greg, que tinha 11 anos, compareceu a um encontro de grupo no qual eu também estava presente. Outro garoto, da mesma idade, perguntou-lhe: "Como você se sente sabendo que vai morrer em poucas semanas?"

Na condição de facilitador do encontro, tentei suavizar ao máximo o que me pareceu uma pergunta sem resposta possível.

Enquanto eu pensava em alguma coisa para dizer, o próprio Greg falou. Com uma expressão de grande paz e tranqüilidade, ele respondeu: "Acho que, quando morremos, apenas nos desfazemos do corpo, que na verdade nunca foi real, e nos unimos a todas as outras almas. Algumas vezes, quando merecemos, descemos à Terra para atuar como anjos da guarda de alguém".

Percebi imediatamente que Greg se tornaria meu anjo da guarda. Eu podia sentir a força desse menino de aparência tão frágil, que me ensinaria a ver a vida e a morte a partir de uma perspectiva diferente. Esse foi o início de minha transformação.

Durante os anos seguintes, muitas crianças morreram em nossa instituição, e tive a sorte de estar à beira do leito da maioria delas no momento da passagem. O medo que eu sentia da morte se reduzia progressivamente, e compreendi que aquela voz interior que tanto me incomodara na época da fundação do centro estava certa.

Cerca de cinco anos após a morte de Greg, tive um sonho maravilhoso que me fez chorar de alegria. Eu estava no topo de uma montanha, e todas as crianças que haviam passado por nosso centro dançavam comigo formando um círculo festivo.

Então, de repente, as crianças começaram a flutuar na direção do céu, rindo e acenando para mim. Todas, finalmente, se transformaram em luz, deixando-me ali. Senti, porém, no fundo do coração, que não estava sozinho no alto daquela montanha. Sabia que a luz e a essência das crianças estavam unidas para sempre à luz e à essência de meu próprio ser. Uma sensação nova de liberdade plena de júbilo me envolveu.

Hoje sinto que Greg e aquelas outras crianças cuidam de mim — são, de fato, meus anjos da guarda. Eles me protegem com o mesmo zelo com que Deus protege a todos nós e me lembram a cada momento que minha verdadeira identidade está no plano espiritual. Agora, quando rezo, já não peço ajuda para as coisas terrenas. A oração é, para mim, um ato de gratidão a Deus por todas as bênçãos que Ele tem derramado sobre minha vida.

Passei por uma experiência, há algum tempo, que confirmou esse meu senso de proteção e bênção. Tenho um carro conversível que costumo estacionar na rua, a poucos metros de casa. Dois anos atrás, no meio de um temporal, alguém bateu em nossa porta para avisar que uma árvore gigantesca caíra sobre meu carro. Corremos à rua para verificar a extensão dos danos.

A árvore não atingira a capota do automóvel, mas "aterrissara" sobre o capô. Debaixo de todo aquele peso, o carro havia afundado cerca de trinta centímetros no solo, coberto de folhas e gravetos empapados pela chuva. Quando finalmente chegou um caminhão-guincho para içar a árvore, o carro voltou ao nível normal da rua sem um único arranhão.

Os operadores do guincho o rodearam, coçando a cabeça, sem compreender o "milagre". Um deles apontou então a janela traseira do carro, onde havia um adesivo que eu apreciava muito e comprara por motivos óbvios. Ele dizia: "**Protegido pelos anjos**".

Não havia outra explicação.

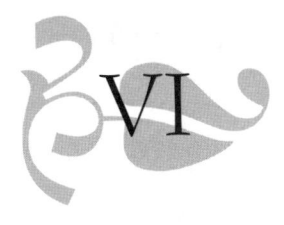

SONHOS, VIDAS PASSADAS E EXPERIÊNCIAS PARANORMAIS

1. UM ARRANJO NO TEMPO

Triana Hill

Nasci no piso do saguão do Hospital Rainha dos Anjos, em Los Angeles. Minha mãe, uma imigrante de origem judaico-húngara, fora abandonada pelo marido e não tinha recursos para pagar um convênio de saúde nem as despesas de um hospital particular. Vivi, até os 16 anos de idade, em um diminuto conjugado na cidade de Venice, Califórnia. Não tínhamos água quente nem refrigerador, e eu dormia no chão.

Mamãe queria que me tornasse "uma boa garota judaica". Meu avô era rabino, e ela adotara devotadamente a religião de seus antepassados. Quando a questão religiosa vinha à tona, entretanto, eu me esquivava. Não desejava seguir nenhuma religião. Para frustração de minha mãe, recusava-me até mesmo a honrar as festas judaicas.

Minha infância e adolescência foram muito difíceis e solitárias. Mamãe fazia faxina para ganhar a vida, e houve dias em que não tínhamos dinheiro nem para comer. Eu nunca entrara num cinema, nunca andara de carro e muito menos sabia o que era jantar em um restaurante. Comia com as mãos e não sabia sequer lidar com talheres. Era introvertida demais, considerava-me feia e acreditava basicamente em uma só coisa: sobrevivência!

Meu maior sonho na vida era ser secretária quando terminasse os estudos. Completei o curso médio aos 16 anos, comecei a sair e a namorar, e logo depois recebi uma proposta de casamento, que aceitei sem vacilar, porque poderia, enfim, dormir em uma cama. Eu não fazia a menor idéia do que era o amor! Meu marido e eu não tínhamos nenhuma afinidade, por isso decidi pedir o divórcio. Criei os dois filhos que tivemos sem o apoio financeiro dele. Consegui um emprego de secretária e lutei muito financeiramente, pois nunca havia dinheiro bastante para sustentar meus filhos como eu gostaria.

Aos 33 anos, ainda sem acreditar em nada além de sobreviver, passei por uma experiência, junto com minha filha, que transformou inteiramente minha vida e meu sistema de crenças. Naquela ocasião, eu ainda não era uma pessoa que se pudesse chamar de religiosa. Não tomava conhecimento da espiritualidade nem da metafísica, e acreditava que, após a morte, não havia mais nada.

Numa tarde de domingo, eu e minha filha, Kim, decidimos ir à praia, ela na companhia de uma amiga franco-canadense, Louisa, e eu na companhia de Troy, um conhecido. Troy era muito atraente e charmoso, mas por alguma razão desconhecida, minha filha e eu não confiávamos nele e, por isso, não lhe dávamos muita atenção.

Ele e eu tínhamos acabado de voltar da praia quando minha filha também retornou para casa com sua amiga. No momento em que

Kim passou pela porta, Troy gritou: "Pare, não se mova!" O rapaz correu até a cozinha, pegou um copo de vinho e, erguendo o copo sobre a cabeça dela, pousou a mão no próprio coração e gritou bem alto: "Alibistro!"

Minha filha ficou estática, com uma expressão estarrecida no rosto, exatamente como eu, e em seguida deixou a sala sem dizer uma palavra. Voei para cima de Troy e lhe disse, muito zangada: "Que diabos isso quer dizer? Você ficou louco?"

Muito embaraçado, ele respondeu: "Não sei o que houve comigo. Não acredito em vidas passadas, mas de repente eu *sabia* que nós compartilhamos outra vida. Foi isso que provocou aquela atitude. Talvez eu esteja mesmo ficando louco!"

Troy, Louisa e eu nos sentamos e conversamos durante cerca de uma hora sobre aquele fato estranho, que não teve sentido para nenhum de nós. Nesse ponto, percebendo que minha filha não voltara à sala, pedi a Louisa para ir ao encontro dela e dizer-lhe que não estava sendo muito sociável.

A moça voltou quase de imediato e, muito assustada, anunciou que Kim estava deitada em minha cama, apertando o estômago e chorando de modo histérico. Corri até o quarto e a encontrei soluçando convulsivamente. Pensei que talvez estivesse enjoada e lhe perguntei: "O que há com você, está doente?"

Minha filha não me ouvia! Desesperada, sem saber o que fazer nem se deveria chamar uma ambulância, apliquei algumas toalhas molhadas em água fria sobre sua testa.

Ainda chorando, Kim finalmente abriu os olhos e disse, entre soluços: "Mãe, nós vivemos outras vidas. Acabo de ver uma vida em que você e eu éramos irmãs, e eu estava para me casar com um conde.

E... Esse conde... Era Troy! Vocês dois me traíram, e eu me suicidei cravando um punhal no abdômen".

O que minha filha estava dizendo não fazia sentido, e meu único desejo naquele momento era acalmá-la. Eu a convenci a voltar comigo para a sala, acomodei-a numa poltrona e dei-lhe uma bebida fresca. Depois pedi a ela que nos contasse o que acontecera.

Kim respirou profundamente e começou a falar, não em nosso idioma, mas em francês! Nunca estivéramos na França e ela jamais havia estudado essa língua.

Atônita, Louisa, que conhecia muito bem o idioma, disse: "Kim, você não entende nada de francês, mas está falando com perfeição!"

Minha filha respondeu em francês. Eu estava em choque, assim como Troy e a própria Louisa.

Kim continuou a contar sua história, dolorosa e trágica. No século XVII, nós éramos irmãs e vivíamos no sul da França. Em 1654, ela se apaixonou por Dominique, conde de Montigue, e ambos ficaram noivos. Mas ela não sabia que o conde mantinha uma relação secreta comigo, nem que eu estava grávida de um filho bastardo dele. Um dia, porém, ela nos surpreendeu no jardim falando sobre isso e, em silêncio, jurou vingança contra ambos.

Convenceu o noivo a denunciar-me ao governo como traidora e a exigir minha morte na fogueira como punição, e ele a atendeu. No dia seguinte à execução, fez com que o conde bebesse vinho envenenado, e ele morreu pouco depois. Mas, quando se deu conta de que matara sua única irmã e o homem que amava, ela não suportou a idéia de continuar viva e se suicidou.

Kim falou também sobre uma grande epidemia de peste, além de muitas outras coisas que se passaram na França daquela época.

Finalmente disse: "Estou cansada. E já contei minha história a vocês".

Quando Kim pronunciou essas palavras, senti uma raiva súbita tomar conta de mim. Eu a amava como minha filha, mas experimentava simultaneamente as emoções da outra vida, quando ela matou a mim e à criança que não chegou a nascer. Comecei a ouvir minha voz gritando com ela em francês — e eu sabia muito bem o que estava dizendo.

Nesse momento, Louisa se despediu: "Vou embora. Fiquei bastante chocada ao ouvir Kim falar em francês, mas agora você está falando um dialeto francês arcaico, e ninguém é capaz disso se não nascer e for criado na França".

Supliquei que ficasse para traduzir minha versão da história e fui atendida. Quando tudo terminou, estávamos estarrecidos. Nossa realidade fora profundamente abalada!

Minha filha e eu comentamos pouco sobre essa experiência nos dias que se seguiram, até assistirmos a um programa de TV chamado "Tudo Está na Mente", apresentado pela doutora Thelma Moss, chefe do departamento de parapsicologia da Universidade de Los Angeles. O tema daquela noite era a reencarnação. Percebi, assim, que nós não éramos as únicas pessoas no mundo que se lembravam de uma vida passada.

Telefonei para a doutora Moss e lhe contei parte de nossa experiência. Perguntei se podíamos ir à universidade para falar com ela e tentar entender com mais clareza o que nos acontecera. Ela marcou um encontro conosco para a semana seguinte.

Passamos várias horas conversando com a doutora Moss, que nos afirmou que nossa experiência era a mais extraordinária história sobre reencarnação que conhecia, principalmente porque Kim e eu mergulhamos juntas na mesma vida passada e captamos os mesmos fatos. Ela declarou, em seguida, que o ponto mais incrível dessa experiência foi o que chamou de "arranjo no tempo", devido à presença de uma pessoa capaz de compreender e traduzir o idioma francês.

Mencionamos, por fim, todos os detalhes que pudemos recordar de nossa experiência, e ela se comprometeu a fazer uma pesquisa sobre a França do século XVII e nos dar notícias dos resultados obtidos. Nós nos despedimos e fomos depressa para o estacionamento, pois o trajeto que tínhamos pela frente era longo.

Ao entrar no carro, porém, senti o impulso repentino de retornar à sala da doutora Moss, embora ignorasse o motivo disso. Era uma sensação tão forte que me obrigou a voltar lá. A porta estava fechada. Bati e ouvi a voz dela, que disse: "Pode entrar, Triana".

Assim fiz, espantada, e perguntei: "Como podia saber que era eu, se a porta estava fechada?"

Ela respondeu com simplicidade: "Enviei uma mensagem telepática para que voltasse, e você a recebeu".

Eu quis saber o que era "telepática" e ela explicou. Perguntei em seguida por que me chamara de volta.

Ela disse: "Quero testar sua capacidade psíquica".

Achei a idéia ridícula e comecei a rir descontroladamente. Depois repliquei: "Não acredito nesse lixo".

Thelma Moss comentou apenas: "Triana, você é uma paranormal extraordinária".

Irritada, contestei: "Como pode dizer que sou uma coisa na qual não acredito?"

Serena, ela respondeu: "Posso ver isso através de sua energia corpórea".

Embora me sentisse muito ignorante diante daquela conversa, perguntei o que significavam essas palavras e a doutora Moss me explicou.

Concordei finalmente em passar pelos testes, pois estava certa de que Thelma Moss descobriria que nada tenho de paranormal. Quando os resultados ficaram prontos, porém, ela me informou que eu me situava entre os 5% das pessoas mais bem-dotadas psiquicamente que examinara durante seus 25 anos de atividades como parapsicóloga. Pediu-me, então, para ajudá-la em pesquisas nessa área.

Fiquei muito confusa. Eu me sentira estranha ao falar com ela pela primeira vez, e mais estranha ainda após o término dos testes. Queria apenas esquecer aquilo tudo e voltar a ser uma pessoa normal. Agradeci e disse-lhe que daria notícias, mas não tinha a menor intenção de procurá-la novamente.

Nos dois anos e meio que se seguiram, não comentei com ninguém a experiência pela qual passara, nem tentei fazer uso de minha capacidade psíquica. A vida era uma constante luta contra as dificuldades financeiras, pois eu ganhava apenas 400 dólares por mês como secretária, e isso era muito pouco para sustentar uma família.

Pensei então nessas habilidades psíquicas que a doutora Moss descobrira em mim e cheguei à conclusão de que eu poderia, de alguma forma, aplicá-las na vida profissional e ganhar mais dinheiro para cuidar melhor de meus filhos.

Entrei no competitivo campo da recolocação de executivos. Usava minha potência psíquica para descobrir os melhores profissionais, telefonar para eles e convencê-los a trocar de empresa antes mesmo de sequer pensarem em mudar de emprego. Todas as minhas atividades de negócios eram feitas por telefone!

Abri uma empresa própria na década de 1970, quando eram raras as mulheres que lideravam o mundo corporativo. Tornei-me, em poucos anos, a maior empresária do setor, e tive a honra de ser incluída na publicação *Quem É Quem entre as Mulheres Americanas*. Pensava com freqüência no grande número de pessoas que são paranormais e não sabem disso, exatamente como ocorria comigo.

Eu queria descobrir, portanto, fechei minha empresa e comecei a ensinar o método de Ruptura — Além da Concepção em *workshops* que organizei em todo o mundo.

Nos últimos doze anos, já percorri, ensinando, 65 países. Meus alunos desenvolvem a intuição graças aos processos que elaborei. Eles deixaram de usar apenas o lado estritamente lógico da mente e alcançaram enormes progressos utilizando sua ilimitada capacidade intuitiva.

Dedico minha vida, hoje em dia, à tarefa de ajudar as pessoas a descobrir e usar plenamente seu potencial e a adquirir consciência de três princípios: 1) tudo é possível; 2) o fato de você não compreender determinada coisa não significa que ela não seja real; e 3) nós somos o maior dos milagres.

2. HISTÓRIA NÚMERO 1

Laura Alden Kamm

Durante minha experiência de quase-morte, em 1982, passei pelo fenômeno que hoje é conhecido como "revisão de vida". *O que você vai ler a seguir representa uma parte dessa experiência.*

Lembro-me de uma cena específica de minha infância. Eu tinha na ocasião 5 ou 6 anos. Minha melhor amiga, Sue, e eu brincávamos como sempre pela vizinhança naquele lindo dia de primavera. Pensei que seria ótimo encontrar um ovo de sabiá e levá-lo para casa a fim de criar o filhote, pois eu adorava esses pássaros e sempre quis ter um bichinho de estimação.

Bem, logo achamos um ninho encravado na escada de madeira de um dos vizinhos, que ele prendera ao lado da garagem, no sentido horizontal. Eu era mais alta que Sue, e coube a mim, portanto, a tarefa de alcançar o intrincado ninho e pegar um ovo.

Em nossa ânsia de buscar o ovo, esquecemos por completo a mamãe sabiá, que investiu como uma flecha contra minha mão e minha cabeça, batendo as asas e piando freneticamente. Minha amiga e eu tivemos muito trabalho para afugentar a furiosa ave, mas consegui manter o ovo na concha da mão sem quebrá-lo. Alcançamos correndo o quintal da casa de Sue, sentamo-nos junto a uma mesa rústica de piquenique que havia lá e nos preparamos para desempenhar o papel de parteiras do pequeno pássaro. Retiramos com cuidado, fragmento após fragmento, a casca e a película protetora do ovo.

Ao rever essa cena durante minha experiência de quase-morte e observar a excitação que fazia bater mais fortemente meu coração de menina enquanto olhava, com um assomo de incontida curiosidade, o diminuto filhote no interior do ovo, senti outra vez, com toda a intensidade, a emoção daquele momento.

Acompanhei de novo o exame que nós duas fizemos das delicadas membranas internas do ovo e senti também o mesmo choque ao observar que aquela pequena criatura não se parecia com um sabiá, não tinha penas, era esquálida e logo morreu. Vi quando eu e minha amiga, como crianças que éramos, ficamos ali, imóveis, horrorizadas com o "assassinato" que havíamos cometido.

Em plena experiência de quase-morte, senti intensas ondas de remorso e consternação invadirem meu ser. Eu não apenas captava minha dor como também a de Sue. Além disso, para minha surpresa, senti e absorvi o pânico e o pesar da mãe sabiá, que procurou em vão pelo filhote que não chegou a nascer. Mas as piores sensações foram as que me vieram do próprio filhote. Imóvel, olhando aquela cena, pude sentir a energia fugir da minúscula e indefesa criatura para nunca mais voltar.

Cercada de guias espirituais amorosos, eu continuava estática observando a cena, que se repetiu várias vezes. Podia sentir os esforços dessas entidades em me confortar, mas eu estava mortificada. Acompanhava agora o respeitoso zelo daquelas duas meninas, Sue e eu, que enterravam a pequena ave morta e os fragmentos da casca do ovo no canteiro que cercava o quintal de minha amiga. O silêncio gritava em nossos corações quando nos separamos, e eu tomei o rumo de casa, passando pela escada do vizinho, onde nosso grande delito tivera início.

Uma terrível sensação de remorso e perda tomou conta de mim novamente. Eu estava arrasada, e o peso dessa carga me fez compreender, de forma inquestionável, a estreita inter-relação que eu tenho, que cada um de nós tem, com todas as coisas. Essa nova consciência ficou profundamente arraigada dentro de mim e até hoje me recorda que todas as criaturas e todas as coisas fazem parte da imensa teia da vida.

Dias depois, com a recuperação de minhas funções vitais, despertei do coma. Os médicos determinaram a necessidade de uma cirurgia para corrigir alguns abscessos desenvolvidos no lobo direito de meu cérebro. A intervenção começou às oito horas da manhã seguinte, e eu voltei à consciência onze horas mais tarde, na UTI neurológica do hospital. Uma grande bandagem de gaze branca envolvia minha cabeça.

No dia seguinte, o som das vozes das enfermeiras chamou minha atenção. Elas diziam, excitadas, que eu precisava ver *aquilo*. Levaram minha cama até a janela da UTI e, através da vidraça, eu vi um tordo pousado no galho de uma árvore próxima. Aquele não parecia, porém, um tordo qualquer, pois as penas de sua cabeça eram totalmente brancas. O restante do corpo do pássaro tinha o aspecto exato dos tordos, mas a cabeça era de um branco imaculado, como se ele usasse uma bandagem de gaze — exatamente igual à minha. As enfermeiras começaram a brincar comigo dizendo que o sabiá era meu irmão gêmeo.

Elas nada sabiam sobre a experiência de quase-morte que eu acabara de atravessar. Mas eu conhecia o motivo pelo qual aquela ave estava ali. Sua presença era a confirmação de que eu fora guiada, protegida e abençoada por um poder superior. Tudo acabaria bem, eu tive certeza disso. Depois de três dias, saí da UTI neurológica.

Meu pequeno sabiá permaneceu naquela árvore, sem se afastar de lá, durante os três dias inteiros. Após minha transferência para um quarto comum, uma das enfermeiras foi visitar-me e me contou que, assim que eu deixei a UTI, o sabiá levantou vôo e desapareceu.

3. VIAGEM DA ALMA

Charles Lewis Richards

Quando comecei a freqüentar a faculdade, entrei numa fase de transição e de questionamento sobre o verdadeiro propósito da vida, da morte e do futuro. Isso me levou a pesquisar e estudar várias religiões e doutrinas espirituais.

Eu não aceitava facilmente as verdades estabelecidas sem antes tentar comprová-las. Minha curiosidade se expressava através de um agudo interesse pelas ciências biológicas, pelo cultivo de um *hobby*, pela música e pelos esportes mais populares. Apesar disso, em meu segundo ano de estudo, entrei em crise existencial. Uma parte de mim queria encontrar o sentido do mistério da vida e da morte — respostas que eu apenas poderia obter por meio da experiência pessoal e direta.

Minhas pesquisas me levaram à busca de um método de desenvolvimento espiritual que se baseava numa técnica chamada "viagem da alma". Eu lera muitos livros sobre jornadas que alguns líderes espirituais fizeram além do plano físico, em dimensões mais elevadas. Lera também sobre experiências de quase-morte. Mas sempre me perguntava: seriam as pessoas comuns capazes disso? Eu tinha de descobrir!

A idéia de uma incursão pessoal em dimensões mais iluminadas, livres das limitações de tempo e espaço, me parecia a suprema aventura espiritual. Essa perspectiva despertava em mim um entusiasmo tão intenso quanto uma fogueira interna. O método "viagem da alma" afirmava ter condições de abrir as portas do *insight* e do sentido da vida sem necessidade de apoio, austeridade nem anos de isolamento.

Após praticar alguns exercícios durante cerca de seis meses sem grande sucesso, eu pedi, como se desafiasse Deus, uma experiência que me revelasse a verdade dos mundos existentes além da vida.

Decidi, certa tarde, tirar um cochilo no sofá. Deitado ali, repassava mentalmente uma técnica específica de "viagem da alma". Ela requeria, entre outras coisas, a vocalização de um som místico chamado *hu*. Enquanto divagava com esse som em minha mente, vi-me envolvido por um súbito estado de alerta e pela consciência de estar no meio de um sonho muito lúcido. Já havia lido alguma coisa sobre o assunto, mas aquilo não se parecia com o que eu julgava ser uma viagem da alma.

Comecei de imediato a aplicar a técnica que aprendera, mas em seguida percebi um ruído similar ao de um motor de alta rotação em meu ouvido esquerdo. Deitado de costas no sofá, eu sabia que aquele som só podia vir de meu interior. Assim, contendo a emoção, prossegui com a aplicação da técnica. Era difícil controlar o impulso de abrir os olhos e virar para o lado esquerdo, mas o medo de interromper o que quer que estivesse para acontecer me ajudou a dominar a curiosidade.

Tive, de repente, a forte sensação de que meu corpo girava para baixo e atravessava o sofá e o assoalho, como se eu estivesse deitado sobre uma plataforma flutuante que descia rapidamente. Houve, em seguida, uma súbita e poderosa inversão de movimento, que me trouxe de volta "para cima".

Nesse meio tempo, o ruído de motor se transformara no som muito agudo de várias flautas, cujos acordes emitiam notas tão altas que comecei a me preocupar com a integridade de meus tímpanos. Mas uma sensação de extrema felicidade acompanhava a música das flautas, e eu tive a intuição de que esse som não era físico, vinha de dentro de mim e, portanto, não me faria mal algum.

O movimento de ascensão continuou, e eu passei a ver ondas de luz muito coloridas, tão brilhantes e puras que meu primeiro impulso foi proteger os olhos. O breve medo que senti foi novamente afastado por uma sensação de absoluta segurança.

O que ocorreu em seguida deixou-me estarrecido. Um novo mundo se abriu de repente diante de meus olhos, e cada átomo parecia vibrar de vida, energia e amor. A música das flautas atingira o auge e parecia emanar de dentro de mim, e também de cada milímetro que me rodeava. Tudo era pura emoção e contentamento.

Eu ingressara em um mundo onde as nuvens flutuavam e fluíam com um misto das cores mais puras e cintilantes que alguém pudesse imaginar. Era uma experiência muito mais real e intensa do que eu jamais poderia supor, e de repente compreendi a frase "tão acima e tão abaixo". O plano físico do corpo me parecia insignificante e muito remoto!

Meu pensamento predominante era: "Esta é a prova inegável da existência dos mundos além do nosso e do universo que existe dentro de nós". Nenhum livro sobre religião, nenhuma filosofia, nenhuma igreja e nenhum padre — nada seria capaz de substituir uma experiência de tal magnitude e verdade.

Imóvel, imerso naquele êxtase, imaginei qual seria a minha aparência. Ergui uma das mãos à altura dos olhos e vi, surpreso, que seu contorno era feito de luz cintilante.

Lembrei-me então de meu corpo, deitado no sofá, e pensei na duração daquela viagem espiritual. Decidi, instintivamente, retornar para meu apartamento e imaginei o momento exato em que entraria de novo no corpo físico. Foi como cair no vácuo. Eu me vi, de imediato, flutuar suavemente de volta ao corpo e ao sofá. Foi como se minha alma se encaixasse perfeitamente aos contornos de meu corpo físico.

A princípio, as paredes brancas da sala pareciam refletir o movimento e as cores da outra dimensão, mas logo se tornaram sólidas e normais. Ao mesmo tempo, o som das flautas se apagou lentamente na distância, de volta à outra realidade que eu visitara.

Quando tudo cessou, ergui-me do sofá para verificar a hora e saber por quanto tempo estivera ali deitado. Apenas quinze minutos tinham-se passado, embora aquela jornada me parecesse muito mais longa. Eu mal podia conter o entusiasmo, queria contar tudo imediatamente aos meus amigos.

Ao recordar agora aquela experiência, percebo que, por um instante, pude comprovar que a morte é de fato uma simples ilusão, enquanto a vida continuará sempre, com maior beleza e sabedoria, após minha passagem pela Terra. Ficou também muito claro para mim que toda forma de vida é sagrada e que estamos aqui para dar apoio, conforto e expansão intuitiva, sempre que possível, ao pleno potencial de nossa natureza espiritual como almas encarnadas que somos.

Experimentei, nos anos subseqüentes, muitas outras jornadas espirituais por nosso plano e também a outras dimensões da realidade, mas aquela foi a primeira — e transformou minha vida para sempre.

4. CAROLINE

Ginna Bell Bragg

No outono de 1976, um de meus melhores amigos ofereceu-me uma festa de aniversário quando completei 29 anos. Ele me disse: "Convidei uma moça que ainda não conhece. Vocês são irmãs e precisam se encontrar".

Não sei bem o que eu esperava, mas quando vi a moça pensei estar diante de um espelho. Ela se chamava Kern e adotou mais tarde o nome de Caroline, casou-se com Charles Muir e tornou-se uma respeitada professora de ioga, mas essa é outra história. Na época, ela era simplesmente Kern, e aquele encontro foi profundo e comovente.

Nosso amigo comum estava certo: nós nos ligamos de imediato porque, de algum modo, já nos conhecíamos no sentido mais verdadeiro. Passamos a noite conversando da maneira mais franca, esquecidas de que estávamos em uma festa e conscientes apenas da presença uma da outra. Usávamos roupas semelhantes, de tecido vaporoso e tons suaves. Nossos cabelos eram da mesma cor, nossos rostos tinham o mesmo formato, nosso tipo físico era parecido. A diferença mais significativa estava na cor dos olhos: os meus eram castanhos, graças a minha origem indiana, mas os dela eram de um azul fulgurante.

As horas se passaram num relâmpago de emoção. Eu havia encontrado minha irmã de alma! Se você for uma mulher, saberá do que estou falando. Esse lugar especial no coração da gente não pode ser ocupado por qualquer pessoa. Eu sabia que poderia contar tudo a ela e seríamos amigas para sempre. Convidei Caroline e o marido para jantar na noite seguinte.

Após a sopa e o pão caseiro, a salada e a sobremesa de chocolate (recordo tão bem os sabores!), nós nos sentamos diante da lareira crepitante contando episódios de nossas vidas. Falamos de nossos filhos, de nossos sonhos, de nosso trabalho. Conversamos sobre nossos avós, ambos bem-sucedidos homens de negócios. O meu fundara a empresa Bonne Bell de cosméticos, o dela era um conhecido pesquisador de medicamentos veterinários. Em dado momento, Caroline me interrompeu e comentou: "Essa é uma coincidência curiosa. Quando meu pai estava no Exército e morávamos em Carlisle, na Pensilvânia, éramos vizinhos de uma das irmãs Bell".

Senti um arrepio percorrer o meu corpo. Depois de uma pausa, respondi: "Bem, só pode ter sido minha mãe!"

Conversamos ainda prazerosamente por muito tempo até que meus novos amigos foram embora. Deitei-me, mas estava agitada demais para dormir. Já era tarde para ligar à minha mãe, por isso esperei, ansiosa, pelo dia seguinte.

De manhã, minha conversa telefônica com ela foi mais ou menos assim: "Mãe, o nome Mary Cusack significa alguma coisa para você?" Mary Cusack era a mãe de Caroline.

"O quê? O que você sabe sobre Mary Cusack? Faz vinte anos que procuro por ela!"

"Ora, a filha dela é minha nova melhor amiga!"

"A pequena Caroline? O quê? Conte-me tudo!"

E assim contei toda a história e depois levei Caroline para ver minha mãe. O encontro foi muito comovente, pois mamãe falou da infância e das travessuras da "pequena Caroline" e relembrou também que os dois casais — meus pais e os pais dela — moravam no mesmo edifício de apartamentos e costumavam jogar *bridge* até meia-noite. Nessa época, eu estava para nascer e Caroline tinha 1 ano de idade.

O ponto mais tocante dessa conversa, para mim, foi o momento em que mamãe contou sobre a noite em que ela e Mary descobriram que os pais *delas* tinham sido, por sua vez, grandes amigos também, viajaram juntos antes de conhecer as futuras esposas e depois perderam contato. Nossas mães, portanto, fizeram amizade por conta própria, por uma dessas inexplicáveis "coincidências" da vida, cerca de vinte anos depois, porque eram vizinhas em um edifício de apartamentos de Carlisle, na Pensilvânia.

Mas isso não era tudo: o avô de Caroline — pai de Mary e companheiro de viagem de meu avô — fora sócio de meu tio-avô antes de conhecer o futuro amigo.

Através dos anos, enquanto Caroline e eu ficamos fisicamente separadas, crescemos e nos tornamos mulheres adultas, e ainda assim permanecemos ligadas por vínculos intangíveis. Somos verdadeiras irmãs. Uma vez imaginamos a possibilidade de ter havido algum conflito mal resolvido entre nossos antepassados, mas depois concluímos que não, pois nossos vínculos provêm do espírito. Essa ligação está profundamente arraigada na história do "eu maior" de todos nós, e os laços existentes entre as duas famílias vão além de nossa compreensão.

VII

DESPERTARES ESPIRITUAIS

1. A CAIXA DO DRAGÃO CHINÊS

Nancilee Wydra

Minha lembrança mais remota da infância está ligada ao dia em que chegou uma caixa com presentes de meu tio Willie. Ele combateu na Segunda Guerra Mundial e recebeu vários tiros em território inimigo. Conseguiu, no entanto, sobreviver, em parte graças às manobras secretas da Resistência. Embora grato por esses esforços aliados, ele acreditava, na verdade, que sua boa sorte se devia às barganhas que fazia com Deus toda vez que saltava de pára-quedas sobre as linhas inimigas.

Durante o salto, meu tio negociava com o Criador. Em sua terceira missão, prometeu que, se sobrevivesse, seria mais atencioso com a família — isto é, nós, pois ainda não era casado. Assim, durante o resto de sua vida, passamos a receber mensalmente uma caixa com presentes que ele nos mandava.

Não sei com certeza se minha primeira lembrança está relacionada ou não à caixa que inaugurou a longa corrente de presentes que chegaram durante anos a nossa casa — até que um dia essa tradição foi abruptamente interrompida. Em 1961, tio Willie morreu, vítima de uma colisão que lhe fraturou o crânio. O acidente, causado por um caminhão dirigido por um motorista embriagado, ceifou a vida de meu tio um mês antes da data em que ele conseguiria a tão almejada reforma de sua carreira militar.

Lembro-me daquela tarde, quando minha mãe atendeu a porta e recebeu do carteiro a encomenda enviada por tio Willie. O papel de embrulho marrom não correspondia em absoluto à cascata de cores, nem ao azul intenso da caixa de seda que havia no interior do pacote. Afastando o que me pareceu um milhão de quilômetros de papel de embrulho, minha mãe ergueu nas mãos um arco-íris de fios coloridos que cruzavam a acetinada seda azul em todas as direções. Imóvel pela surpresa, eu vi emergir de todo aquele papel um trabalho extraordinário de bordado que representava uma figura estranha para mim.

"Um dragão", a voz de mamãe soou em resposta à minha pergunta, enquanto retirava a última camada de fino papel de seda. Símbolos misteriosos marcavam uma profusão de linhas pretas que atravessavam a superfície do papel. Recordo minha decepção ao compreender que minha mãe não poderia ler para mim a história dos símbolos.

Minhas recordações daquele dia cessam aí, exceto pelo fato de ter ficado hipnotizada pela caixa, e de ter passado muito tempo esfregando minha tenra bochecha infantil naquela superfície de seda macia. A última vaga lembrança foi a vibração dos passos pesados de meu pai, que me pegou no colo e me levou para meu quarto.

A caixa do dragão ganhou lugar de destaque numa das prateleiras mais altas da estante da sala de estar até que, três anos mais tarde, nós nos mudamos. Não me lembro de tê-la visto depois disso nem minha mãe se recorda do que aconteceu exatamente com a caixa. Ela supõe ter dado o lindo objeto de presente a uma das pessoas que compunham seu vasto círculo de amizades.

Só muitos anos mais tarde eu voltei a pensar naquela caixa. Dando início a uma aventura que para mim equivalia à saga dos cavaleiros da corte do rei Artur, saí em busca de meu "Santo Graal". O primeiro passo foi deixar minha rotina de conforto e segurança. Voltando as costas para a estabilidade financeira e para um casamento de doze anos, afastei-me de casa para descobrir qual era o meu propósito na vida.

Eu precisava encontrar meu lugar no mundo, por isso procurei um recanto que despertasse um sentimento especial em meu coração. Minha preferência oscilava entre uma casa térrea no meio de um pedaço de terra tranqüilo, ou alguma coisa fora do comum. A escolha final recaiu em alguma coisa fora do comum.

Eu mesma achei que tinha perdido o juízo quando resolvi comprar aquela casa caindo aos pedaços, sem água corrente nem banheiro interno, encravada num terreno quase abandonado. Tratava-se praticamente de uma cabana que fora o refúgio de férias de uma família estabelecida na cidade. Quando os filhos cresceram e partiram, os pais, já idosos, decidiram vender o imóvel.

Não havia, é evidente, quase ninguém interessado no negócio, mas para mim foi como pura magia. Três velhas árvores majestosas se erguiam no terreno em suave declive que levava a um córrego de águas cristalinas e sinuosas. A cabana, construída na extremidade de uma campina, estava voltada para o cálido sol poente, protegida dos ventos frios vindos do norte que varriam o lado oposto da colina. Eu sabia que seria preciso tempo e esforço para instalar as melhorias que faltavam ao local, mas não pude resistir ao impulso que me veio do fundo da alma — ainda que não conseguisse explicar nada disso a meus parentes e amigos.

Meu filho e eu nos mudamos num cálido dia de abril, quando os narcisos silvestres acabavam de desabrochar, despertando do longo sono do inverno. Havia, no interior da casa, todo o entulho acumulado durante 25 verões. Potes e panelas, cobertores, fotos desbotadas, montanhas de coisas inúteis para nós, além de muita poeira, estavam espalhados por toda a parte.

Munida de sacos plásticos, variado material de limpeza e muita disposição, entrei em meu novo "palácio" para enfrentar a tarefa de limpar o local e retirar dele a história dos antigos proprietários. A desordem doméstica tem, no entanto, o mérito de conter o arquivo de uma vida, por isso logo descobri que o ex-dono da casa pertencera à Força Aérea durante a Segunda Guerra Mundial.

Dessa forma, não me surpreendi demasiadamente ao me deparar com uma caixa de seda desbotada, parecida com aquela que fazia parte de minha lembrança mais remota. Dentro da caixa havia um pedaço de papel ressequido e amarelado pelo tempo, que me intrigou devido aos caracteres nele impressos, já um pouco apagados. A coincidência de encontrar essa relíquia de família tão semelhante à caixa que recebemos de meu tio provocou em mim o desejo de descobrir o significado da mensagem escrita.

Talvez aquele fosse um sinal de que eu teria, enfim, a oportunidade de conhecer meu autêntico "eu maior". Afinal de contas, aquela velha caixa era um símbolo precioso do início de minha vida. Quem sabe poderia representar um prenúncio de feliz recomeço?

Para entender o sentido da mensagem escrita em ideogramas chineses, como soube mais tarde, fui visitar um amigo, Lee, que nascera em Cingapura. Tirando cuidadosamente o frágil pedaço de papel de minha carteira, onde o guardara para ficar mais protegido, entreguei-o a Lee. "Vento e água, assim como estão acima, também estão abaixo", foi a tradução que ouvi de meu amigo, que em seguida explicou: essas caixas eram presentes dados especificamente a famílias que estavam de mudança para uma nova casa. O dragão, ele disse, é um símbolo de proteção e de boa sorte.

"Feng shui", acrescentou, "é um velho costume, um meio de fazer com que nossa casa nos traga sorte ou desgraça. É por causa disso que certos ambientes são melhores que outros e que uma casa adequadamente localizada pode favorecer a boa sorte."

Eu soube, naquele instante, que encontrara meu "Santo Graal". Procurei, depois, conhecer o melhor possível a conexão existente entre as pessoas e os lugares. O risco de ter deixado para trás a segurança de minha vida de classe média fora recompensado pela redescoberta de uma ligação profunda com a própria essência de meu ser. Oculta em minhas lembranças mais remotas dessa ligação estava a chave que abriria para mim as portas da felicidade.

Afinal compreendi: somos orientados para evoluir no universo porque o primeiro propósito da natureza é o aperfeiçoamento de todas as espécies. O desenvolvimento de nossos potenciais, portanto, melhora as condições da espécie humana.

Cada ser humano sabe perfeitamente quem é. Se você precisa certificar-se disso, escave os sedimentos mais profundos de sua memória e descubra o trecho do passado que poderá conduzi-lo ao centro de si mesmo. No fundo da memória vive a alma de nossa satisfação. Volte suas lembranças para a luz e você conseguirá sempre, com bom êxito, encontrar seu verdadeiro caminho.

A magia de minha vida revelou-se através da lembrança de um lugar. O que poderia ajudar você a encontrar seu lugar no mundo, assim como a caixa do dragão chinês me ajudou a encontrar o meu? Lembre-se de que os sentimentos é que farão você compreender a mensagem que lhe for enviada. Não há compreensão sem sentimento.

2. ENTRE AS PRATELEIRAS

Jill Bruener

O trabalho no campo espiritual pode algumas vezes tornar-se uma sobrecarga. Na condição de conselheira espiritual, não é tão raro que eu fique estressada com os problemas dos outros e os meus próprios. Passei por isso em 1997. As coisas não pareciam tão bem quanto deveriam estar, e comecei a questionar meu papel nesta vida. Estaria eu de fato no caminho certo, indicado por Deus ao meu coração?

Recolhi-me em meu recanto de orações, como em todas as manhãs, e enquanto rezava disse a Ele e a meus anjos da guarda que me sentia abandonada e às vezes me perguntava se ainda poderia contar com sua ajuda, chegando mesmo a duvidar de sua existência. Essa atitude agora me parece tola e cheia de autopiedade, além de um pouco pretensiosa. Aprendi a nunca mais agir assim, pois a visita que fiz a uma livraria local mudou minha vida para sempre!

Mais tarde, meu marido, Roger, e eu saímos para ir ao cinema. Como chegamos cedo, resolvemos entrar em uma livraria vizinha. Dirigi-me diretamente à seção de religião, principalmente à prateleira reservada aos anjos. Estava sempre à procura de livros novos sobre o assunto.

Quando me aproximei, vi um homem magro, já idoso, trajado com uma capa impermeável marrom, toda amarrotada, e um pequeno chapéu esquisito, também marrom. Ele era baixinho, e alguns cachos de cabelo branco haviam escapado do chapéu e caído levemente sobre seus ombros. Estava muito despenteado e, embora o dia fosse quente, usava roupa de inverno. O homenzinho ficara simplesmente parado ali, balançando o corpo frágil para a frente e para trás.

Comecei a vasculhar as prateleiras em busca de novidades, e de repente recordei minha prece matinal e a dúvida sobre a existência dos anjos. "Se eles existem", pensei, "os meus devem estar de férias. Como podem fazer isso comigo, como ousam ignorar-me?"

Nesse momento, o estranho homenzinho voltou-se para mim e sorriu. Seu rosto tinha a expressão mais afável que eu já vira e os olhos azuis cintilavam, fulgurantes. Percebi que sua fisionomia me parecia familiar, talvez por causa dos cabelos. Meu pai, já falecido, também tivera belos cabelos, brancos como a neve, e olhos azuis. Sim, devia ser isso, ele me lembrava meu pai, que Deus tenha em bom lugar sua alma gentil. Eu estudava seus traços, emoldurados pelos cabelos brancos, tentando adivinhar a idade dele.

O homem tinha aparência idosa, mas seus olhos vibravam com o frescor e o entusiasmo de uma criancinha que explora pela primeira vez o mundo. Ele pareceu analisar-me por um segundo, pensando no que diria. A pausa foi um daqueles instantes indescritíveis em que a gente não sabe se sustenta o olhar do outro ou desvia os olhos. O ancião começou a balançar afirmativamente a cabeça, como quem aprova o que acaba de constatar. Em seguida, fixando em mim seu olhar sorridente, ele disse: "Você sabe, os anjos existem de fato. Confie em mim, eu sei".

Fiquei sem palavras. Consegui, depois do que me pareceu uma eternidade, menear a cabeça num gesto de concordância e gaguejei, atrapalhada: "Sim, eu sei. Até dou aulas sobre o assunto".

Ele apenas esboçou um sorriso. Curvou um pouco a cabeça, como se me estudasse com atenção, e depois acrescentou: "É verdade. Os anjos existem realmente. Você andou duvidando disso, pensou que os seus a deixaram, mas não é assim, eles continuam aí. Eles não a abandonaram, e Deus ama você profundamente. Confie em mim, eu sei".

Por mais estranho que parecesse, confiei nele. Senti que era muito sábio.

Enquanto me achava envolvida nessa conversa, Roger estava parado no corredor vizinho. Meu marido é alto o bastante para enxergar além da extremidade das estantes e tinha, portanto, uma visão geral da loja. Encontrava-se a poucos metros de distância de mim e ouviu alguns trechos do diálogo.

Apesar de tudo isso, uma espécie de aflição tomou conta de mim. Como esse homenzinho doce e gentil poderia saber que eu tivera dúvidas sobre a existência de Deus e dos anjos naquele mesmo dia? Tentei dizer alguma coisa, mas ele me deteve com um gesto.

"Eu sei, eu sei. Todos os seres humanos têm dúvidas. Mas os anjos existem de verdade, estão aqui e Deus ama você, lembre-se disso. Seu anjo da guarda estará sempre por perto quando precisar dele."

Eu tentava assimilar tudo o que acabara de ouvir. Havia naquele homem alguma coisa estranhamente familiar, e de repente eu me senti tranqüila, amada e protegida. Tive vergonha de minhas dúvidas. A emoção tomou conta de mim, e eu queria rir e chorar ao mesmo tempo. Nesse momento, o ancião afastou-se — no instante exato em que Roger deu a volta no corredor e veio em minha direção. Senti que precisava conversar mais com aquele estranho homenzinho.

"Espere!", gritei. "Roger, detenha-o!" Quando, porém, tentei segui-lo, o velhinho havia sumido! "Roger, onde está ele?"

Meu marido vasculhou a loja toda, mas o pequeno ancião parecia ter desaparecido em pleno ar. Nós conversáramos no fundo da loja, por isso ele não teria tido tempo de esgueirar-se pela porta de entrada. Eu estava apenas um passo atrás, e Roger, devido a sua altura, podia avistar cada canto do ambiente. Mas não o encontramos em lugar nenhum! Corremos para a porta e olhamos pela calçada em todas as direções — nada. Perguntamos aos funcionários da recepção se tinham visto o homenzinho sair, mas eles acenaram negativamente com uma expressão esquisita, como se achassem que havíamos perdido o juízo ou estivéssemos delirando.

Roger e eu nos entreolhamos. A verdade, de súbito, ficou evidente, por isso apoiei a cabeça no peito de meu marido e comecei a chorar. Eu me senti abençoada. Acreditava não merecer o que eu achava ter acontecido comigo. Lembrei-me então de um versículo bíblico que nos aconselha gentileza com os estranhos, pois estes podem, para nossa surpresa, ser simplesmente anjos disfarçados.

Estou convicta de que meu anjo da guarda me apareceu, naquele dia, disfarçado como um estranho ancião envolto em uma capa marrom amarfanhada — e fez isso apenas para me mostrar que ele esteve sempre comigo. Compreendi também que eu só preciso acreditar e confiar.

3. UMA SURPRESA ANGELICAL

Kathy Juline

A porta se abriu devagar, rangendo como madeira velha. Um rosto bonito emergiu da escuridão do interior da casa enquanto o cheiro de mofo característico dos ambientes fechados me envolveu.

"Sim?", disse a velha senhora. Embora não tenha sorrido, seu rosto era suave e estampava uma expressão cordial, como eu poucas vezes vira.

O que me levou, naquela manhã ensolarada de primavera, a bater na porta da casa dessa anciã? Eu tivera recentemente um sonho com uma casa igual à dela. Era uma velha construção de madeira com um alpendre limitado por duas colunas que sustentavam uma cobertura de telhas para proteger a porta da frente. O alpendre era pintado de azul, havia um enorme carvalho ao lado da casa e uma cerca viva que rodeava o terreno — todos esses detalhes, que pareciam ter saído de meu sonho, surpreenderam-me quando, durante minha caminhada matinal, eu dobrara a esquina daquela rua.

No momento em que vi a casa, senti o impulso irresistível de bater à porta da frente.

Com uma expressão de surpresa no rosto, quase de alívio, eu diria, como se me esperasse e eu estivesse atrasada, a velha senhora perguntou suavemente: "Sim? Em que posso ajudá-la?" Apoiada em uma bengala, ela tentava equilibrar-se, um pouco curvada para a frente. Confusa por minha repentina decisão de bater naquela porta, não tinha idéia do que deveria dizer a ela.

Por que, afinal, eu estava ali? Algumas palavras, por fim, saltaram de minha boca.

"Sua casa é linda", exclamei. "Eu estava passando e tive vontade de dizer aos moradores quanto gostei dela. A árvore também é muito bonita. A senhora mora aqui há muito tempo?" Senti que nós duas sabíamos, no fundo do coração, que o fato de dizer que eu gostara da casa não passava de uma metáfora, de uma espécie de código, de alguma coisa muito mais significativa, quase inexprimível.

"Sim", ela respondeu. "Moro aqui há muito tempo, desde antes da guerra."

Depois de conversarmos um pouco ali na porta, ela me convidou para entrar. Patrícia — esse era seu nome — falou-me de sua infância no interior, dos tempos, tantas décadas atrás, em que sua família se vira sem dinheiro por causa das secas, das tempestades de areia ou das pragas que infestavam a lavoura na época da colheita. Contou-me que gostava de observar as carruagens puxadas a cavalo que desciam pela estrada, e que isso lhe trazia uma sensação de ausência, de saudade.

Chegou, enfim, o dia em que ela se casou e se mudou, com o marido, para a região sul da Califórnia durante os anos 1930. Mostrou-me sua coleção de bonecas, todas finamente vestidas com roupas que ela mesma confeccionara, cujos sapatinhos eram de couro autêntico. Vi também fotografias de sua única filha, que, embora aposentada, fora uma bela estrela de cinema na juventude. O marido de Patrícia morrera durante a guerra, e ela vivia sozinha desde que sua filha deixara a casa da família. Atualmente, vítima de agorafobia, ela só se aventurava a sair até a caixa de cartas de metal presa a uma das colunas do alpendre.

"Se a senhora não sai, como consegue comprar as coisas necessárias?", perguntei. Eu me prontifiquei de boa vontade a fazer as compras para ela e assim, enquanto aquela doce senhora viveu, eu aportava em sua casa toda semana com uma sacola de mantimentos e das coisas que ela tanto apreciava — ervilhas frescas, sorvete de morango, batatas assadas e recheadas, ovos frescos e pêssegos.

Em troca, ela se oferecia para rezar por mim e por minhas duas filhas, que eu às vezes levava comigo em minhas visitas. As meninas eram pré-adolescentes quando conheci Patrícia, que continuou a perguntar por elas mesmo depois que se formaram no curso médio e entraram na universidade. Embora sofresse de muitas dores por causa da artrite, Patrícia nunca deixou de ser uma fonte generosa de força afetiva da qual bebi por muito tempo.

Eu levava para ela alguns mantimentos e um livro de vez em quando, mas o que recebi em troca não é tão fácil de conseguir — ou será que é? Será que sempre temos um tesouro como esse bem diante de nossos olhos?

Talvez os anjos da guarda flutuem por toda parte, em todas as formas imagináveis e nas circunstâncias mais inesperadas. Agradeço a Deus pelo sonho que me deteve naquele dia diante da casa de Patrícia e me fez bater na porta dessa minha inesquecível vizinha.

4. O DESPERTAR

Asandra

A história de meu despertar começa 24 anos atrás, quando eu tinha 16 anos de idade. Nasci e fui criada em uma família típica da classe média norte-americana. Minha educação não foi nem repressora nem liberal demais. Eu tinha liberdade para expressar minha criatividade e contava com bons amigos. Mas, apesar de tudo isso, havia no fundo de meu ser uma sombra crescente.

Estava dominada pela desanimadora sensação de que não havia amor suficiente no mundo. Não me refiro ao amor romântico nem familiar. Tratava-se da sensação profunda, mesmo durante a adolescência, fase em que nos preocupamos com outras questões, de que alguma coisa muito importante faltava em minha vida. À medida que esse vazio aumentava dentro de mim, fui amadurecendo em silêncio a decisão de deixar este mundo.

Depois de uma tentativa fracassada de morrer pela ingestão de uma dose excessiva de tranqüilizantes, deixei-me cair na depressão mais desesperada que se possa imaginar. Eu me sentia prisioneira de uma armadilha onde não queria ficar, embora fosse incapaz de descobrir uma saída. Essa é a última lembrança que tenho de minha vida antiga...

Não sei quanto tempo se passou desde minha tentativa de suicídio, mas a primeira lembrança que tenho depois disso é a de estar sentada no gramado de minha casa, absorta em um livro inspirador. Eu erguia os olhos daquelas páginas e, pela primeira vez, podia ver a vida, vibrante, em meu redor. Cada folha das árvores que me cercavam estava plena da força vital de Deus. Cada pequena folha de relva, cada criatura viva, até mesmo o vento que soprava, tudo revelava a essência do amor divino. Meu espírito estava cheio de amor! Era um amor sublime e infinito, repleto de grande contentamento. Eu sentia uma felicidade abençoada que jamais julgara ser possível.

Não posso explicar exatamente o que acontecera. Conseguira, de alguma forma, entrar em outra dimensão da realidade na qual podia ver e sentir com uma clareza desconhecida até então. Era como se eu tivesse adentrado um plano infinito, onde a única realidade palpável fosse o amor de Deus — e tudo parecia dançar e vibrar na alegria desse conhecimento.

Esse momento de êxtase não cessou. Todos os dias, durante meses sem fim, eu espontaneamente era envolvida pela inefável experiência do sublime amor de Deus. Esse sentimento emanava de mim, de maneira incondicional, na direção de tudo o que me rodeava. Eu sabia estar inteira, completa, unida a Deus Criador.

Minhas faculdades mais elevadas desabrocharam. Se uma de minhas amigas se queixava do fato de não se dar bem com a mãe, por exemplo, eu conseguia ouvir a voz de sua alma, que dizia: "Preciso de amor!" Quando eu começava a falar, palavras de uma sabedoria que meus verdes anos não conheciam soavam com eloqüência. Eu via facilmente que as barreiras e os limites criados pelos homens são pura ilusão, sabia que tudo pertence a Deus. Com naturalidade e sem esforço, o medo, a dor e a solidão desapareciam. A magia do amor divino dominava meu espírito, e tornei-me verdadeiramente livre.

Essas experiências místicas continuaram durante um ano inteiro. Muito embora rareassem com a passagem do tempo, minha alma estava para sempre transformada. No ano seguinte a esse milagre, um mestre espiritual em forma humana cruzou meu caminho e me ensinou a manter viva minha conexão com o divino. A magia me encontrara, e eu estava pronta a dar início àquilo que se tornaria uma jornada extraordinária — minha vida.

Eu me senti abençoada pela visão de uma realidade mais elevada, apesar de ser ainda muito jovem. Esse conhecimento, porém, traz consigo a responsabilidade de honrar a verdade e de ajudar as pessoas ao longo do caminho. Ele nunca me abandonará, pois nele reside o verdadeiro ser que existe em mim.

5. A DESCOBERTA DA RESPOSTA

Wendy Lagerstrom

Um mestre sábio e notável disse-me certa vez que o grande Espírito tem três respostas para nossas preces e nossos pedidos. Elas são:
- Sim.
- Sim, mas não de imediato.
- Tenho em mente planos melhores para você.

Descobri, portanto, que durante a maior parte da vida desejei ouvir apenas a primeira resposta a minhas orações.

Alguns anos atrás, após muito estudo e crescimento espiritual, meu parceiro, Ray, e eu decidimos procurar um lugar para morar, pois queríamos viver juntos. Assim, desejosos de fazer o melhor para nós, começamos a procurar uma casa no interior.

Nós somos pessoas práticas. Fizemos nosso dever de casa, verificamos a vizinhança, detalhes, documentos, pedimos a opinião de amigos. Solicitamos os serviços de uma imobiliária bem conceituada e, todos os dias, Ray e eu nos revezávamos nas visitas aos imóveis que os corretores indicavam.

Eu estava confiante e tinha certeza de que encontraríamos nossa casinha no interior em poucas semanas, um mês no máximo, pois havíamos submetido nossa decisão ao grande Espírito, pedindo orientação e discernimento. Uma vez que meu contrato de locação anterior terminaria em breve, esse prazo seria perfeito. Eu estava pronta para receber um "sim" como resposta, certo?

Errado. Um mês se passou, e nada de encontrar uma casa que atendesse às nossas expectativas. Os imóveis que nos agradavam minimamente escapavam de nossas mãos sem motivo aparente. Comecei a ficar preocupada. Por que as coisas teimavam em não dar certo? Nós fizéramos nossa parte, então por que o Divino não colaborava?

Ray mantinha uma atitude mais otimista que a minha e chegou a viajar para assistir a um congresso de sua área profissional. Eu fiquei responsável pelos contatos com a imobiliária durante sua ausência. Certo dia, porém, sobrecarregada de trabalho, esqueci-me de telefonar. Decidi então comprar um jornal e verificar eu mesma os classificados. Entre tantos anúncios, vi um imóvel que parecia ideal para nós e que a imobiliária nem sequer mencionara. Telefonei para o número do anúncio, marquei uma entrevista com a corretora e lá fui eu, mais uma vez, visitar outra casa.

Ao chegar ao local, uma graciosa casa interiorana, deparei-me com um casal que descia a rua. Para minha surpresa, reconheci no homem um velho amigo, Peter, que não encontrava havia meses. Trocamos um abraço, e ele me apresentou sua bela namorada, Ginny, que era ninguém menos que a corretora com quem eu falara. Bem, adorei tanto a moça quanto o imóvel, e Peter me aconselhou a alugá-lo, pois o considerava perfeito. Disse também a Ginny que o reservasse para nós. A busca parecia ter chegado ao fim.

Fiquei ali, comovida e grata pela cadeia de "casualidades" que acabavam de ocorrer: resolvi comprar um jornal, descobri um imóvel que a imobiliária contratada por nós não tivera seguer a consideração de mencionar e encontrei Peter e Ginny, que me facilitaram o negócio no competitivo mercado imobiliário. A resposta "sim, mas não de imediato" me pareceu muito clara e lógica naquele momento. Minha lição, entretanto, ainda não se completara.

Durante o encontro, Ginny falou-me da batalha que travava contra um câncer de mama. Comentei com ela que atuo na área de cura energética conhecida como *reiki* e perguntei se estaria interessada em uma sessão gratuita. Sua resposta foi afirmativa, e iniciamos o tratamento na semana seguinte. A reação de Ginny foi muito positiva, e ela decidiu marcar outras seis sessões de reforço que pudessem ajudá-la a enfrentar a etapa de quimioterapia que a esperava no hospital.

Eu vinha lutando com algumas dúvidas relativas ao *reiki*. Tive muitas provas do valor dessa terapia, mas meu lado racional não aceitava inteiramente a idéia. Considerando-se todos os aspectos, os resultados dessa história foram sem dúvida notáveis, pois Ginny está muito bem. Seus cabelos já se recuperaram dos efeitos da quimioterapia, que parece ter eliminado definitivamente o tumor.

Graças a essa experiência, minha confiança no *reiki* cresceu e eu continuo estudando para me aperfeiçoar na prática dessa terapia. Ah, sim, é verdade: Ray e eu agradecemos diariamente por nossa adorável casa interiorana, de onde vemos as ovelhas de um redil próximo e também grande variedade de pássaros que se alimentam e fazem seus ninhos em nosso jardim.

Procuro lembrar-me de tudo isso, hoje em dia, quando faço uma oração e peço alguma coisa ao Espírito. Recordo as três respostas possíveis e tento manter a mente aberta para aceitar qualquer uma delas. Depois, trabalho para interiorizar estas duas grandes verdades:

1. Não tenho controle sobre o plano geral de todas as coisas do universo.
2. E dou graças a Deus por isso!

COLABORADORES

Asandra é artista plástica e atua há catorze anos como orientadora espiritual. Ela ajuda as pessoas a adquirir a lucidez suficiente para encontrar um caminho de vida mais elevado. Seus quadros são altamente místicos e se concentram nos arquétipos das divindades femininas. Reside em Miami Beach, na Flórida.

Jan Barron é terapeuta respiratória e trabalha em um programa de assistência de longo prazo adotado por muitos hospitais. Ela vive em Hobar, no estado de Indiana, com seu marido, sua filha, sua neta e dois cachorros cujos nomes são Maxine e Fluffy.

Brent BecVar atua como psicoterapeuta e administrador hospitalar e universitário, além de ter título de mestrado em Psicologia Educacional. Trabalha com o doutor Deepak Chopra desde 1991, em Massachusetts e na Califórnia, como administrador e educador, é professor de ioga formado e foi treinado pelo próprio Chopra para ensinar técnicas específicas de meditação, além de dominar os princípios e as técnicas da cura aiurvédica. Vive em La Jolla, Califórnia.

Jill Bruener é clarividente e conselheira espiritual profissional, além de terapeuta formada, especializada em tratamento hipnótico por regressão a vidas passadas, e mestre em *reiki*. Vive com sua família na região metropolitana de Cincinnati. O trabalho dela tem recebido destaque nas publicações *Kentucky Post* e *The Enquirer*. Tem um programa de rádio chamado *Psychic Thursday* e já deu entrevistas na televisão. Jill também colabora em casos de desaparecimento de pessoas e de crimes sem solução. Dá aulas de Metafísica no Northern Kentucky Community College.

Peggy Carter é autora de vários livros sobre cavalos, equitação e caça. Dedica sua vida ao trabalho voluntário. Dirige, em colaboração com o marido, entidades assistenciais em Minnesota, Wisconsin, Carolina do Norte e Mississipi. Aos 78 anos de idade, Peggy ainda pratica equitação.

Scott F. Chesney é consultor da Fundação Amelior, uma organização filantrópica baseada em Nova Jersey. Durante os dois anos em que participou do Projeto Miami, conseguiu levantar mais de 1 milhão de dólares em doações destinadas a pesquisas de tratamento de lesões da medula espinhal. Colabora atualmente em programas de monitoração de jovens.

Nancy Cooke de Herrera é autora do livro *Beyond Gurus* [Além dos Gurus]. Na condição de mãe de uma família de quatro filhos que mora em Beverly Hills, não seria muito provável que se tornasse adepta da prática de meditação transcendental, que se difundiu nos Estados Unidos durante a década de 1960. Uma tragédia pessoal, entretanto, deu início a sua busca de conhecimento espiritual na Índia. Cativada pelo povo e pela herança cultural daquele país, ela o visita todos os anos.

Micki East é mãe de família, conselheira, escritora, professora e palestrante profissional. A maior alegria de sua vida é o filho, Aleksei. É a coordenadora dos *sites* sobre serviços de saúde mental de um programa destinado a atender crianças de escolas de ensino fundamental portadoras de problemas emocionais e comportamentais.

Monte Farber é autor de treze importantes projetos editoriais em colaboração, desde 1975, com sua esposa, a artista plástica premiada Amy Zerner. Ambos são conhecidos no mundo todo como dois dos *designers* mais destacados de sistemas de orientação pessoal interativa, e suas criações incluem obras como *The Enchanted Tarot* [O Tarô Encantado], *Goddess Guide Me* [A Deusa É Minha Guia] e *Karma Cards* [As Cartas do Carma], além de um livro de arte premiado, *Paradise Found: The Visionary Art of Amy Zerner* [O Paraíso Reencontrado: A Arte Visionária de Amy Zerner].

Bruce Fields é fotógrafo profissional e reside em Nova York. Ele tem sido muito requisitado para fotografar as campanhas de publicidade de maior destaque, inclusive de cosméticos e jóias. Fez recentemente uma exposição de retratos numa galeria do bairro nova-iorquino de Soho.

S.A. Forest e Alexandra Light Alba, além do "eu maior" de ambos, Luz Gloriosa e Alimar, trabalham juntos para ensinar pessoas, casais e pequenos grupos a ter acesso ao "eu maior" de cada um e a fazer da espiritualidade a base de um relacionamento duradouro e amoroso. O casal reside em Seattle, Washington.

Triana Jackie Hill é mundialmente respeitada como palestrante e organizadora de *workshops*, clarividente e conselheira profissional e espiritual, além de ter merecido destaque na publicação *Who's Who in American Women*. É também uma personalidade muito popular no rádio. Pode ser encontrada em sua empresa, a Interlink Unlimited, com sede no Havaí.

Barbara Horner é consultora de negócios e reside em San Diego, na Califórnia, com seu melhor amigo, um cão chamado Odie.

Gerald Jampolsky é mundialmente reconhecido como autoridade nas áreas de psiquiatria, saúde, negócios e educação. Foi co-fundador, em 1975, do primeiro *Center for Attitudinal Healing*, na Califórnia. Existem hoje mais de 130 desses centros espalhados em vinte países. O doutor Jampolsky é autor dos livros *Love Is Letting Go of Fear* [O Amor É a Libertação do Medo], *Teach Only Love* [Ensine Apenas Amor] e *Out of Darkness, Into the Light* [Fora da Escuridão, Dentro da Luz], entre outros.

Julianna é uma escritora de meia-idade que nasceu e foi criada nas cidades litorâneas da Califórnia e se mudou, em 1988, para Woodstock, Nova York, com a finalidade de dedicar a segunda metade de sua vida à literatura, à pintura, à jardinagem e à construção de "um lar saudável".

Kathy Juline é co-autora do livro *You Are the One: Living Freely Through Affirmative Prayer* [Você É Único: Viva Livremente Graças à Prece Afirmativa] e colabora com a revista *Science of Mind*. Ex-editora dessa publicação, é também bibliotecária e atua no campo editorial, além de organizar *workshops* de escrita criativa. Kathy vive na Califórnia.

Laura Alden Kamm é a fundadora da Terapêutica Intuitiva, um sistema de cura baseado em seu trabalho com a medicina intuitiva. Seus dons de cura a levaram a percorrer os Estados Unidos e também outros países. Laura tem clientes particulares em todo o mundo, de Cingapura até a Suíça.

Wendy Lagerstrom é escritora, *designer* e professora de piano para crianças. Ela mesma publicou seu livro *She Dances on Waves* [Ela Dança sobre as Ondas], pratica a técnica de cura conhecida como *reiki* e faz trabalho voluntário em sanatórios. Vive com seu companheiro, Ray, no interior, onde ambos cultivam um vasto jardim e buscam uma vida de reflexão, sem estresse.

Gerri Magee atua como diretora de propaganda e de relações públicas e como assistente do editor da *phenomeNEWS*, a mais antiga publicação sobre metafísica dos Estados Unidos, sediada em Southfield, no estado de Michigan.

Pamela McGee vive em uma pequena comunidade campestre a cerca de 100 quilômetros de Los Angeles. Esposa e mãe, ela dedica seu tempo livre às artes cênicas e à equitação. Além de sua participação em 25 produções teatrais e suas atividades de dublagem de programas de televisão, Pamela é também muito talentosa no campo da cenografia. Como *hobby* e atividade de meio período, ela produz, há mais de vinte anos, lindos vitrais decorativos.

Azita Milanian é uma estilista de moda que usa sua empresa, a Stepping Out/Tosca Eveningwear and Dancewear, para patrocinar desfiles de moda que, quatro vezes por ano, angariam fundos para a entidade assistencial mundial *Save the Children*.

Shawne Mitchell é autora do livro *Soul Style: Creating a Home or Office Environment to Enhance Your Life and Your Spirit* [O Estilo da Alma: Crie um Ambiente Doméstico ou Profissional para Melhorar Sua Vida e Seu Espírito]. Escreve com regularidade para várias revistas fornecendo sugestões e idéias para a criação de um lar para a alma, organiza *workshops* e dá consultas particulares. Trabalha também na mais importante empresa imobiliária de Santa Bárbara, na Califórnia, onde reside com seus filhos, Travis e Austin.

Nancy E. Myer é paranormal e já participou de inúmeros programas de televisão. Ela participou de cerca de 400 investigações criminais, durante 26 anos, com informações de alto grau de precisão. Numerosas revistas já publicaram reportagens sobre Nancy. Ela é autora do livro *Silent Witness: The True Story of a Psychic Detective* [Testemunha Silenciosa: A Verdadeira História de um Detetive Paranormal], e seu trabalho tem sido focalizado em muitas outras publicações. Nancy vive na Pensilvânia e tem uma coluna regular, chamada "Sugestão Paranormal da Semana de Nancy Myer", em um *site* local.

Ron Paul é formado em Psicologia e trabalhou durante vários anos no desenvolvimento do Centro de Auto-Ajuda da Universidade de Los Angeles. Além de ser ator e escritor, Ron trabalha em período integral como diretor de programas da Fundação Learning Light, na Califórnia.

É também especialista em terapia hipnótica clínica, além de conselheiro espiritual. Reside com sua família em La Mirada, Califórnia.

Charles Lewis Richards reside na Califórnia e é psicoterapeuta e figura de destaque na área de terapia de vidas passadas sem o uso de hipnose. Como investigador espiritual, seu trabalho tem sido focalizado em programas de TV, como *Oprah* e *The Other Side*. Ele também conduz vários seminários e programas de treinamento sobre crescimento pessoal.

Jill Schneider é massoterapeuta especializada em *shiatsu* e tem vinte anos de atividades na área de cura holística. É também atriz, cantora, compositora e guitarrista, professora e escritora, além de mãe de um filho.

Elizabeth A. Seely escreveu um livro baseado em suas experiências pessoais no âmbito espiritual. Ela vive na região central do estado de Ohio com suas duas adoráveis filhas. Trabalha também para uma empresa multinacional.

Linda Tisch Sivertsen é escritora e vive na região sudoeste dos Estados Unidos com seu marido, Mark, e seu filho. É autora de um livro intitulado *Lives Charmed: Intimate Conversations with Extraordinary People* [Vidas Encantadas: Conversas Íntimas com Pessoas Extraordinárias].

Barbara Tse Tyler nasceu em Manhattan, Nova York, em 1965, e mais tarde mudou-se para Long Island. Entrou para o Corpo de

Fuzileiros Navais em 1983 e casou-se com um colega de armas. Freqüentou três universidades e trabalhou com crianças incapacitadas mental e psiquicamente, além de atuar como conselheira de adolescentes desajustados. Vive atualmente com o marido e quatro filhos no interior do estado de Nova York.

Ben Woodson é um empreendedor visionário que criou e desenvolveu o mundialmente famoso *resort* Little Palm Island, no estado da Flórida.

Jim Wright é um antigo oficial do Departamento de Polícia de Los Angeles e atualmente trabalha no próprio escritório de investigações particulares, em Tacoma, no estado de Washington. Foi citado na publicação *Who's Who of Business*, e suas atividades mereceram destaque em programas como *Unsolved Mysteries* e *Paranormal Borderline*. Wright protagonizou uma série da *Reader's Digest* sobre fenômenos mentais e psíquicos.

Nancilee Wydra, mestra de *feng shui* e fundadora do Instituto de Feng Shui da América, é palestrante e consultora, treina pessoas que desejam tornar-se consultoras profissionais de *feng shui* e escreveu quatro livros sobre o assunto, dos quais o mais recente é *Look Before You Love* [Pense Bem Antes de Amar].

Ginna Bell Bragg é artista, escritora e grande entusiasta da culinária. Desenvolveu o menu do centro de bem-estar de Deepak Chopra, inspirado em conceitos de nutrição e cura da nova era. É co-autora de *A Simple Celebration: A Vegetarian Cookbook for Body, Mind* *and Spirit, the Nutritional Program for the Chopra Center for Well Being* [Uma Simples Celebração: Receitas Vegetarianas Para o Corpo, a Mente e a Alma, o Programa Nutricional do Centro de Bem-Estar de Chopra], no qual ensina a arte de cozinhar com consciência.

Este livro foi impresso pela
Prol Gráfica
em papel *offset* 75g.